HELENE HEGEMANN

SCHLACHTENSEE

HELENE HEGEMANN

SCHLACHTENSEE

STORIES

KIEPENHEUER
& WITSCH

INHALT

SNOOPY, DAS MEER UND ICH

Bevor sie ihren Vater zurückruft, kippt sie verschimmelten Parmesan aus einer Metalldose auf ihr Essen. Sie weiß nicht, warum sie das tut. Sie weiß auch nicht, dass der Parmesan verschimmelt ist. Dann steht sie auf, läuft zwischen Restaurant und Surfshop auf und ab, schmiert den Sonnenbrand in ihrem Gesicht mit neonfarbener Zinksalbe ein und blickt auf Wellen, die in der Nähe von Grönland entstanden sind und jetzt mit ihrer ganzen ursprünglichen Gewalt auf die Sandbänke einer Touristenhochburg in Nordfrankreich knallen. Ihr Vater sagt, es gebe schlechte Neuigkeiten. Unbesiegbarer Krebs, der auf die Lymphbahnen übergegangen sei. Dann fügt er hinzu, dass er sich sein ganzes Leben lang auf diesen Moment vorbereitet habe. Und sich und der Welt deshalb schuldig sei, eine Art progressiven Umgang mit dem eigenen Tod zu finden, einen Umgang, von dem er noch nicht wisse, ob er leidenschaftlich oder revolutionär sein werde. »Auf jeden Fall beispiellos. So wie bei den *Peanuts*«, sagt er. »Du weißt, was Snoopy gesagt hat?«

»Nein«, antwortet sie.

»Das weißt du nicht?«

»Nein, ich weiß nicht, was Snoopy gesagt hat.« Sie atmet tief ein, um nicht zu heulen.

»Das ist einer der klügsten Sätze, die überhaupt jemals jemand gesagt hat. ›Eines Tages werden wir alle sterben.‹«

»Das ist von Snoopy?«

»Nein, von Snoopy ist nur die Antwort. Eines Tages werden wir alle sterben. Und Snoopy sagt: ›Ja, aber an allen anderen Tagen nicht.‹«

Zwei Stunden nach dem Telefonat wird sie bewusstlos an den Strand gespült. Ihr Surfbrett ist zerbrochen. Die gezackten Kanten aus Fiberglas haben ihr unter Wasser die Haut am Oberschenkel zerschnitten, sie ist mit dem Kopf auf dem Meeresgrund aufgeschlagen und kotzt jetzt jede Schmerztablette, jeden Croissantkrümel, jeden Schluck Wasser aus, sie kotzt alles aus, was sie zu sich nimmt. Sie hat Glück, dass sie noch lebt.

Als Reaktion auf diesen Vorfall liest sie am nächsten Morgen ein Buch über Männerforschung, rauchend in einem Hotelbett an der französischen Atlantikküste, mit einem Hämatom am Rücken, das tiefschwarz ist, sich vom Schulterblatt bis zum Steißbein zieht und die Form von Ostdeutschland hat. Sie darf nicht lesen, sie liest trotzdem. Sie liest ein Buch über die psychologischen Voraussetzungen für den Zweiten Weltkrieg, über die Kultur der seit Jahrtausenden manifestierten und sich verselbstständigenden Gewalt in männlichen Körpern. Je weiter sie in dem Buch liest, je mehr sie über das liest, was bei Soldaten zu Lustgewinn durch die Tötung anderer Menschen geführt hat, desto konkreter wird das Bild ihres Vaters, der vor diesen Männern steht und gegen sie verlieren wird. Sie sieht ihn nackt, mit verkrampften dünnen Armen, wie er sich abwendet und dabei einen Laut zwischen verschlucktem Kreischen und dem Wimmern eines Kleinkinds ausstößt, heiseres Baby, in der Intensität so animalisch wie der Schrei eines Wesens, das bei lebendigem Leibe ausgeweidet wird, das hat nichts mehr mit Stimme zu tun, nur noch mit dem Abgrund eines Organismus, der nicht vergehen will. Sie sieht ihn als jemanden, der bedroht ist, als jemanden, der sich angesichts dieser Bedrohung zu einem diffusen, nicht mehr greifbaren Schatten verflüchtigt. Ihr wird nicht schlecht, wenn sie ihn sich in diesem Zustand vorstellt, das Gefühl ist ein anderes. Vielleicht fühlt sich das ein bisschen nach Schmetterlingen in Zwerchfellnähe an, allerdings nach welchen, die in einem verlorenen Überlebenskampf stärker flattern als je zuvor. Nettes Bild, aber besser geeignet für etwas anderes. In diesem Fall sind es eher Motten. Oder Miniaturversionen der Staubsaugeraufsätze, die sie vor dem Urlaub bei Amazon bestellt hat. Leblose Tentakel aus Plastik, mit denen man besser in die Ecken kommt. Oder nicht in die Ecken. An die Kanten. Zu den Schmutzschichten auf den Bilderrahmen oder in die Zwischenräume einer Tastatur. Am schlimmsten ist wirklich der Quadratmeter unter der Badewanne, sieht nicht mehr wie Staub aus, sondern wie ein Flokatiimitat aus ergrautem Schamhaar.

Als die Sonne untergeht, humpelt sie in ein Café am Strand mit WLAN. Kopfschmerzen, Augenringe. Sie bucht ihren Rückflug um. Danach beobachtet sie einen elffachen Surfweltmeister dabei, wie er sich selbst fotografiert. Er sitzt am Nachbartisch. Sie kennt ihn aus dem Fernsehen und aus dem Supermarkt. Sie hatten da ein kurzes Gespräch über den Fettgehalt von Schafmilchjoghurt. Er hat einen dritten Daumen und in zwei Staffeln *Baywatch* mitgespielt. Und gestern hat er auf Instagram zuerst Fotos von seinem Baby und danach ein Video der Welle veröffentlicht, die sie vom Brett gerissen und fast umgebracht hat. Er hebt den Kopf, weil Kinder an dem Café vorbeilaufen. Ein Dutzend vorpubertäre, braun gebrannte Oberschichtsmädchen, die vor Erschöpfung keuchend ihre Bretter zum Strand schleppen. Er ruft ihnen zu, dass sie sich nicht so anstellen sollen. »Jesus hat sein Kreuz auch selbst getragen.« Dann fällt sein Blick auf ihr verbundenes Bein in Jeansshorts. Er scannt die Blutergüsse in ihrem Gesicht und erkennt sie wieder. Sie sieht in seine Surferaugen, hellgraue, vernebelte Surferaugen, der Blick von Menschen, die surfen, verändert sich, als spiegelte sich das Wasser selbst dann noch in ihrem Gesicht, wenn sie auf Beton starren. Sie hat diese Beobachtung lange für Einbildung gehalten. Dann für eine Art esoterische Konsequenz daraus, dass Surfer auf das Einschätzen von Wellen konditioniert sind und jahrelang auf Weltmeere geglotzt haben, auf Wasserflächen, die eine zyklische Wiederkehr behaupten, obwohl sie völlig unberechenbar sind. Bisschen wie Weltgeschichte. Das verändert das Bewusstsein. Und somit zwangsläufig auch das Gesicht. Das war ihre These zum vernebelten Blick von Wassersportlern. Bis sich vor zwei Jahren ihre eigenen Augen zu verändern begannen und ein Arzt ihr den medizinischen Grund dafür mitteilte.

Es sind Bindehautwucherungen. Surfer gucken zu viel in die Sonne. Die transnationale Elite, die eins mit der Natur werden will und deshalb in Langstreckenflieger steigt, die diese Natur zerstören, guckt beim Surfen zu viel in die Sonne. Dadurch entwickeln sich gutartige Tumore. Tumore, die sich wie Schleier über die Pupillen legen.

Sie geht auf den Weltmeister zu. Er fotografiert inzwischen nicht mehr sich selbst, sondern zum dritten Mal den Burger, der vor ihm steht. Sie fragt, ob er ihr beibringen könne, wie man vier Minuten lang unter Wasser die Luft anhält. Besser fünf Minuten oder sechs.

Er lacht nicht, nickt nur und bedeutet ihr mit einer Art wirbelförmiger Geste, dass sie sich setzen soll. Sie bestellt Wodka. Er trinkt Limo aus fermentierten Teeblättern. Er sagt, sie könne vier Minuten innerhalb von drei Wochen schaffen. Locker. Für fünf Minuten bräuchte sie aber ein Jahr. Und dass das im Grunde nur eine Sache der Konzentration sei. Er selbst habe mal zwei Stunden lang in einem Eisbad gelegen und nur durch mentale Anstrengung seine Körpertemperatur auf einem konstanten Level gehalten, wenn sie ihm nicht glaube, solle sie das googeln. Es sei alles möglich, man müsse nur lernen, sich länger als ein paar Sekunden auf seinen eigenen Herzschlag zu konzentrieren. Das klinge simpel, aber das sei nicht simpel, das schaffe fast niemand.

Dann erzählt er, dass er eine feste Abfolge von Bildern im Kopf habe, eine Art Film, den er ablaufen lasse, sobald ihn eine zu große Welle unter sich begrabe und er die Orientierung verliere. Die einzige Chance zu überleben, sei Entspannung, Auslieferung, sonst gehe zu viel Sauerstoff drauf, und man ertrinke, bevor man wieder auftauchen und Luft holen könne. Man müsse kalkulieren, welche Bewegung wie viel Anstrengung erfordere. Einen einzigen Schwimmzug könne man unter bestimmten Bedingungen mit zwanzig Sekunden Bewegungslosigkeit aufrechnen, Leute seien ertrunken, weil sie zum falschen Zeitpunkt einen einzigen Schwimmzug gemacht hätten. Er stelle sich unter Wasser immer seine Familie vor, seine Kinder am Küchentisch, Mehl, Butter, Eier, was noch? Milch. Und dann die Arbeitsschritte. Wie alles abgewogen, miteinander verrührt und dann in eine Form gegossen wird. Normalerweise spuckt die Welle ihn aus, bevor seine Tochter diese Form aus dem Schrank geholt hat. Aber letztes Jahr auf Hawaii war der Kuchen fertig. Und er war noch immer unter Wasser, er war der Kraft des Wassers ausgeliefert und wusste nicht mehr, woran er denken sollte, der Kuchen war fertig, ihm fiel nichts mehr ein, er kriegte keine Luft mehr und fand sich mit seinem Ertrinken ab. Dann hat er überlegt, was das letzte Bild sein soll, das er vor seinem Tod sehen will. Es war ein Weihnachtsbaum. Seine Familie unter einem Weihnachtsbaum. Und dann hat er kurz noch ausgerechnet, dass der Sauerstoffrest in seinen Lungen für zwei oder drei Schwimmzüge reichen müsste und er die ja jetzt noch ausführen könnte, einfach nur der Geste wegen, und dann ist seine Hand über der Wasseroberfläche gewesen, und sein Kumpel hat ihn gepackt und hochgezogen, das ist die Geschichte, die Geschichte ist, dass er ohne den Weihnachtsbaum aufgegeben hätte und gestorben wäre. Sie stehen auf und laufen zu einer Felsformation, er zieht sein T-Shirt aus und bringt ihr bei, länger die Luft anzuhalten. Dabei sieht er aus wie eine Mischung aus Krankenschwester und männlichem Rehkitz. Sie saugt Luft ein, ihre Rippen stehen hervor. Er sagt ihr, woran sie denken soll. Sie schafft drei Minuten. Er fragt, ob sie eine Gehirnerschütterung hätte, sie sagt Ja. Er fragt, ob sie rauche, sie bejaht erneut. Dann zeigt er ihr eine raue Stelle an seiner Fingerkuppe und fragt, ob so etwas vom Rauchen komme, er mache sich ein bisschen Sorgen.

»Nein«, sagt sie. »Das kommt nicht vom Rauchen. Wahrscheinlich hast du heute Nacht geträumt, dass du Cello spielst. Daher kommt das.«

»Wie heißt du?«, fragt er.

»Esther«, sagt sie.

Er schleppt sich zurück zum Strand, in dieser für gerade wach gewordene Profisportler typischen Breitbeinigkeit, sie betrachtet seinen Rücken, diesen Männerkörper, der sich seiner eigenen Erschöpfung nicht bewusst ist. Dahinter ein Himmel, der nicht mehr wie Weltmeer aussieht, sondern wie ein Steinbruch an irgendeinem Stausee im Ruhrgebiet, so ein nüchternes Übereinander zweier Grautöne, eine Wolkendecke, von der man nicht weiß, ob sie gleich von

Gottesfingern durchbrochen wird oder ob ein Monsun in ihr lauert.

Auf dem Rückflug sehen die Wolken aus wie weißes Moos, sie hört Alberta Hunter, danach Missy Elliot und Timbaland, deren Kollaboration der *New York Times* zufolge sämtliche Errungenschaften der amerikanischen Kultur zusammenfasse. Dann kommt Al Green. *Simply Beautiful.* Sie will nicht wissen, wie viele Kinder zu diesem Song gezeugt worden sind. Sie will auch nicht wissen, was diese Kinder jetzt alle so machen. Sie würde nicht sagen, dass sie Menschen, die zu Al Green Sex haben, verachtet. Sie langweilen sie einfach. Es geht da um Leben und Tod. Sie muss sofort in die Opposition gehen und sich im Detail vorstellen, wie sie ihre ehemalige Englischlehrerin auf einer Autobahntoilette zu Rammstein vergewaltigt.

Danach zwingt sie sich, einen Podcast mit dem Kulturtheoretiker zu hören, dessen Buch sie liest. Ein Buch über die Auflösung von Körpergrenzen, ein Buch darüber, dass Soldaten im Zweiten Weltkrieg ihre Existenz nur spüren konnten, wenn sie Fremde und Frauen zerfleischten. Darüber, dass die Killer sowohl sich selbst als auch die Frauen ihrer Grenzen zu entledigen versucht hätten in diesem Akt des Killens. Sie sieht immer nur einen Blutstrom vor sich, wenn sie an das Buch denkt oder es irgendwo liegen sieht. Hat aber eventuell auch mit der Farbe des Covers zu tun. Rot, nein, Pink, die Farbe, die in ihrer Intensität der von echtem Blut am nächsten kommt, man kann sich nicht dazu durchringen, wieder wegzugucken.

Alles in ihr weigert sich, sich mit den Frauen zu identifizieren, die unter diesen Berserkern gelitten haben,
oder mit den Fremden, die von ihnen abgeschlachtet
worden sind, sie sieht sich selbst mit den Brutalos ver-
schmelzen, sie merkt, dass sie die Bewegungen von
Menschen nicht mehr von sich selbst unterscheiden
kann, jeder Schritt, jedes Schnarchen, jeder Gesichtsausdruck eines anderen dringt direkt in sie ein und
reißt sie in Stücke. Sie kann verstehen, dass da nur
das Töten hilft. Natürlich hält sie diese Einsicht für ein
schlechtes Zeichen.

Der Autor erzählt, dass er nach seinem Nebenjob
als Student abends immer eine Stunde lang Rost ge-
spuckt hat. »Abends dann immer 'ne Stunde Rost ge-
spuckt«, sagt er. Er musste irgendwo putzen. Den Ma-
schinenraum von einem Militärstützpunkt.

Sein Tonfall ist vergleichbar mit dem ihres Vaters. Was heißt, vergleichbar. Keine vage Ähnlichkeit,
sondern eine fast identische Art, wie sich Melodie
und Stimme mit etwas vermischen, das sie für Dialekt
hält, das aber auch was mit dem abgefärbten Gestus
einer anderen Person zu tun haben könnte, das heißt,
sie weiß nicht, ob ihre Gemeinsamkeit darin besteht,
dass sie aus Norddeutschland kommen, oder ob sie
von denselben Philosophen beeinflusst worden sind.
Interessant wird es bei beiden, wenn bestimmte Katastrophen als überwunden gekennzeichnet werden
sollen. Das ist so eine »Normale Härte«-Oktave, wenn
von prügelnden Vätern oder der Pest die Rede ist oder
von halb zu Tode malträtierten Balletttänzerinnen
oder der Rollstuhlfahrerin, die vor Kurzem in ihrer

Nachbarschaft ausgeraubt und erschossen wurde, die Sätze, mit denen sie Katastrophen schildern, werden immer leiser, als wollten sie das Ende der Aussage verschlucken. Falsch, das ist es nicht. Da wird nichts verschluckt. Der Tonfall geht hoch, die Emotion runter. Wie ein Befehl an den Zuhörer, die vermeintliche Abgeklärtheit zu teilen, bisschen passiv, bisschen aggressiv, eine unvorstellbare Härte wird phonetisch zu etwas Selbstverständlichem gemacht, das man hinnehmen muss, gegen das man nichts unternehmen kann. Hat was Wehleidiges. Oder eher was von der versteckten Beschwerde irgendeiner Großtante aus Ostfriesland darüber, dass das Essen mal besser geschmeckt habe, ja, sie denkt bei diesen Männern immer an Großtanten. Der Tonfall impliziert, sie hätten etwas durchdrungen, was man nicht durchdringen kann, ohne daran zu sterben. Bei dem Autor kommt die Diskrepanz zwischen seinem Gesicht und seinem Sound hinzu, bei ihrem Vater auch, sie sehen auf Fotos wie Gewalttäter aus und kompensieren das live dann mit einer Stimme, die nach dem Gegenteil der Gefahr klingt, die ihre Körper ausstrahlen. Leichtes Lispeln, immer nach Worten suchend, nichts Hartes, Vorgefertigtes, Abgeschlossenes, nichts, was fest genug wäre, um jemandem gefährlich zu werden, der körperlich schwächer ist als sie.

Zu Hause putzt sie. Sie putzt wie eine Irre. Sie denkt an Kinder, die als Reaktion auf die Nachricht, dass ihre Eltern tot sind, unbedingt ihren Puppen die Haare kämmen müssen.

Am nächsten Tag humpelt sie im Regen eine Pracht-straße entlang, klingelt an der Kellertür und befiehlt ihrem Hund, sich auf den Treppenabsatz zu setzen. Ihr Vater öffnet die Tür. Eine Sicherheitstür, die sich nach dem Schließen hörbar automatisch wieder ver-barrikadiert. Im Treppenaufgang hängen Fotos gefes-selter Frauen. Frauen, die gebondagt von der Decke baumeln. Es sind Originalabzüge eines japanischen Fotografen, der behauptet, er umschnüre die Körper von Frauen nur deshalb, weil er ihre Seelen nicht zu fesseln vermöge.

Sie lässt sich ein Glas Leitungswasser ein und muss sich an der Anrichte abstützen, ihr wird schwarz vor Augen.

»Was ist?«, fragt er.

»Ich werde ohnmächtig.«

Er schweigt, sieht sie panisch an, sie wird doch nicht ohnmächtig.

»Aristotische Hypotonie«, diagnostiziert er und be-ruhigt sich wieder. Er sieht eine Unberechenbarkeit vor sich, spricht aus, worum es sich seiner Einschät-zung nach bei dieser Unberechenbarkeit handelt, und konzentriert sich dann wieder auf etwas anderes, in diesem Fall auf einen Vortrag über seine Firma. Der einzige Moment, in dem er an diesem Nachmittag nicht druckreif spricht, also zu stammeln beginnt und nicht weiß, wie er einen Satz zu Ende bringen soll, ist der, in dem er erklärt, dass eine Tischtennisplatte nicht reiche, um ein Unternehmen zu modernisieren. Er will ein weiteres Beispiel nennen, aber ihm fällt nur ein ziemlich schlechtes ein. »Für die Modernisierung eines Unternehmens braucht man mehr als eine Tischtennisplatte und, ÄH, ÄH, ÄH – *Masseure.*«

Sie lacht.

»Was ist mit deinem Gesicht passiert?«, fragt er.

Sie erzählt vom Surfen. Er demonstriert mit einem Nicken sein Mitgefühl, dann erzählt er detailreich, wie er sich bei der Biopsie zuerst gefoltert und dann vergewaltigt gefühlt habe. Eine halbe Stunde später, als sie vor einer Fünfminutenterrine sitzen, in die er zur Verfeinerung ein bisschen Sahne gekippt hat, fügt er hinzu, dass er auf alles entgegengesetzt reagieren würde wie der Rest der Menschheit und das schon immer so gewesen sei. Es geht um die Hormontherapie. Man hat ihm weibliche Hormone gespritzt, damit das Testosteron den Tumor nicht vergrößert. Er wirkt seitdem aber nicht weiblicher, sondern männlicher. Das sagen alle, denen er begegnet, ein medizinisch nicht erklärbares Kuriosum. Bei ihm sei alles andersrum, wiederholt er. »Oder umgekehrt.« Das hieße, dass der Krebs seine Lebenserwartung nicht verkürzen, sondern verlängern müsste. »Aber ich weiß nicht, ob ich das überhaupt will.«

Als ihr Vater ins Badezimmer geht, googelt sie den Weltmeister. Sie findet ein Foto von ihm aus den Neunzigern. Das Jahrzehnt kann sie identifizieren, weil er blond gefärbte Haarspitzen hat und eine Badehose mit Tribalmuster trägt. Er hat einen anderen Surfer aus dem Wasser auf sein Brett gezogen und sich über ihn gebeugt, er hält mit beiden Händen seinen Kiefer auf, man weiß nicht, ob er ihn wiederbeleben oder küssen will, sieht jedenfalls maximal schwul aus, ist es auch, es ist das schärfste Foto, was sie je gesehen hat.

*

Die Schmerzen beginnen zwei Wochen später gegen fünfzehn Uhr, ihr Vater hat sich gerade zwei Bratwurstschnecken aus dem Kühlschrank geholt und sie fallen lassen. Dann ist er schreiend ins Bad und wieder zurück ins Schlafzimmer gerannt. Sie hängt in der Warteschleife des Notrufs. Sie spürt eine Panik, die sich mit einer Art gespannter Bereitschaft abwechselt, bisschen, als wäre sie wieder im Wasser, als würde sie irgendeine Kraft zurück in die Intensität ziehen, mit der ein Weltmeer einen Menschen verschlucken und ihn aus Langeweile wieder ausspucken kann. In der Notaufnahme sitzt sie neben einem Skater unter achtzehn, er scheint sich das Schienbein gebrochen zu haben und sieht sich auf seinem iPad die Handyaufnahme eines Russen an, der neben einem lebendigen Braunbär am Steuer seines Kleinwagens sitzt.

Ihr Vater ist benebelt. Er fragt mehrfach, ob er einschlafen kann, ohne zu sterben, die Narkoseschwester habe ihm nach dem Aufwachen gesagt, dass er die Augen offen lassen müsse, Esther fragt den Arzt, ob das stimme, es stimmt nicht.

Am nächsten Tag ist er wieder zurechnungsfähig, beschwert sich über das Essen und über das Personal, so nennt er das. Sein Gesicht erinnert sie an das eines Hundes, der sich im Schuppen versteckt, um in Ruhe sterben zu können. Er sagt, sie solle nicht so schreien, sie sagt, sie schreie nicht, sie flüstere eher, sie könne sich ja selbst kaum hören. Sie ahnt, dass er noch ein bisschen am Leben bleiben wird. Er hat Augenringe, fummelt am Gummizug seiner Sweatshirtjacke herum und sein Sprechen klingt, als hinge die wahre Bedeutung der Worte irgendwo auf der Mitte seiner Stimmbänder fest, kurz davor, ihn zu ersticken. Und es spielt sich etwas in ihr ab, das sich seit ihrer Gehirnerschütterung in Frankreich häufig in ihr abspielt.

Sie beschreibt das ihrem Vater folgendermaßen: als schwarzen, imaginären Strom, der sich nach Zappen durch die Schrecken der Geschichte anfühlt. Eine Mischung aus Zwangsvorstellung und Diashow und Zeitreise. Eine zerstörerische Kraft, die einen Kanal freischaufelt, in den der Betrachter, in diesem Fall sie selbst, hineingezogen und dann in eine Abfolge von Unregelmäßigkeiten zwischenmenschlicher Verstrickungen katapultiert wird, sie sieht eine Person und sämtliche Tiefpunkte ihres Stammbaums, das steigert sich, bis man in den Schützengräben ankommt. In den Massengräbern, in den Kerkern. Die Überblendung von Folterungen. Alles läuft auf das immer gleiche Bild eines nicht zu identifizierenden, in Ketten gelegten, verhungernden, blutüberströmten und zur Hälfte gehäuteten Mannes hinaus, komischerweise blond, der sich im letzten Moment, bevor die Gewissheit über seinen bevorstehenden Tod endgültig jede Regung zu unterdrücken schafft, mit übermenschlicher Kraft gegen etwas aufzulehnen versucht, was ihm längst angetan wurde. Im Hintergrund, in der Unschärfe, ist ein Berg aus ähnlich versehrten Körpern zu sehen, alle bisschen zombieartig und in Ketten, die Ketten sind nicht wegzudenken, das Destillat der größten Schmerzen, denen ein Mensch ausgeliefert sein kann, kommt offenbar nicht ohne Ketten aus. Die anderen Körper sind teilweise reglos. Das ist echt eine Landschaft aus sterbendem Fleisch. Hundert verschwommene Menschen, grau und rot, bisschen schwarz, und noch eine Farbe, sie weiß nicht, ob es für die einen Namen gibt. Sieht aus, als hätte jemand in das Beige vom Aquarellkasten geascht. Vielleicht ist dieser Menschenberg ein einziger Muskel. Durchdrungen von Fasern, die abgestorben sind. Und dann noch von welchen, die weiterzucken, bis zum Ende. Und immer schwarze, lange Haare im Hintergrund. Hervorstehende Rippen, Menschen, die maschinell einer Kette größtmöglicher Qualen ausgeliefert wurden. Es könne nicht sein, dass man ständig willkürlich in ein Kriegsgefecht vor zweihundert Jahren katapultiert werde, sagt ihr Vater, und sie sagt, das stimme, aber dass ihr das wirklich passiere. Sie schwört es ihm. Und sie glaube, das sei der Grund, warum sie in gewissen Momenten zu einer Maschine werde. Deren Handeln nichts mehr mit einer unmittelbaren Reaktion auf etwas zu tun hat, sondern mit einem zum Zerreißen gespannten Gefüge antrainierter Automatismen. Bewältigungsstrategien, die die Unebenheiten zu einer glatten Fläche plattwalzen müssen, nicht mal Marmor, einfach nur polierter Stahl.

»Das ist ja schrecklich«, sagt ihr Vater.

Sie will antworten: »Ach, so schrecklich ist das gar

nicht.« Schließlich bildet sie sich den Zusammenhang zwischen Folterkellern und dem Abgrund in seinen Augen nicht nur ein. Stattdessen ergänzt sie ihre Ausführung um einen wichtigen, bisher nicht berücksichtigten Faktor.

Sie erklärt ihm, dass diese pure, animalische Verzweiflung wie eine Filmszene wirkt, für die alle Schauspieler so geschminkt wurden, dass sie nach Ölgemälde aussehen. Die Szene ist kein Gemälde, das sich verselbstständigt. Sondern eine reale Szene, die versucht, zu einem Gemälde zu werden.

Und sie erklärt ihm, dass diese Zwangsvorstellung nur auftritt, wenn ihr Männer gegenüberstehen.

Bei Frauen ist der Kern der generationenübergreifenden Folter eher Sex. Und auch weniger konkret. Das sind abstrakte Bilder von jungen Mädchen, die der Perversion eines Einzelnen zum Opfer fallen, ja, junge Mädchen, die nicht zum Opfer der Welt, sondern zum Opfer der Verirrung eines Einzelnen werden. Immer Mischung aus Bilderbuch und Expressionismus, nie eindeutig und greifbar, manchmal auch Kupferstiche. Frauen mit gespreizten Beinen vor Kaminfeuern, davor der Rücken von irgendetwas zwischen King Kong und Rumpelstilzchen.

»Denk noch mal daran«, sagt er.

»Mach ich gerade.«

»Ist es schlimm?«

»Nicht wirklich.«

»Gutes Zeichen.«

»Nehme ich auch an.«

Dann sehen sie gemeinsam ein Video auf ihrem

Handy an, das den elffachen Weltmeister irgendwo an der Küste von San Francisco zeigt. Er reitet eine große Welle. Fünfzehn Meter hoch. Er bezwingt sie, er bezwingt dieses Wasser, das wie eine Steilwand aussieht, wirklich wie ein Hochhaus, fällt aber vom höchsten Punkt auf die andere Seite. Ein Jetskifahrer kommt, um ihn vor der nächsten Welle zu retten, obwohl dieses Manöver den Tod von beiden bedeuten könnte. Und er schafft es. Er rettet ihn. Der Weltmeister hält sich an dem Jetski fest, und sie schaffen es. Als sie in Sicherheit sind, geben sie einander High Five, sonst nichts.

»Das zieht einem echt den Stecker«, sagt ihr Vater, und sie fragt ihn, ob er Bock auf Vietnamesisch hat.

DIE PFAUENGESCHICHTE

Sie hört die Pfauengeschichte jetzt zum fünften Mal. Alle erzählen ständig die Pfauengeschichte. Bevor derjenige, der sie erzählt, zum entscheidenden Kern der Pfauengeschichte vordringt, wird für gewöhnlich erst das Grundstück von Matthews Nachbarn deskribiert.

Das ist das Grundstück, auf dem sich die Pfauengeschichte abgespielt hat. Das Wort »Nachbar« führt in die Irre. Der Mann wohnt zwei Kilometer entfernt. Zwischen Matthew und ihm liegen naturgeschützter Morast und ein bisschen Schilf, vielleicht noch ein Fluss mit Alligatoren und kleinen Bambuswäldchen am Ufer. So stellt Phoebe sich das vor. Die Pfauengeschichte spielt in South Carolina.

Matthew und sein Nachbar müssen gelegentlich über Bäume und Sichtverhältnisse diskutieren, der Nachbar will, dass die jahrhundertealten Eichen auf Matthews Grundstück gefällt werden. Die versperrten ihm die Sicht. Die Sicht auf was auch immer. Wasser, wie Phoebe annimmt. Dieses Detail wird der Pfauengeschichte mit der immer gleichen hektischen Abfolge missbilligender Kommentare vorangestellt. Vermutlich, um den Nachbarn von Beginn an als Arschloch zu diskreditieren. Ist wohl auch ein echtes Arschloch. Obwohl Phoebe ihr Hauptaugenmerk bei der Pfauengeschichte immer eher auf die Arschlochhaftigkeit von Matthew richtet. Ein Arschloch schließt das andere Arschloch ja nicht zwingend aus. Ganz im Gegenteil. Bei ihr selbst handelt es sich übrigens auch um eins, sonst würde sie diese Geschichte nicht veröffentlichen.

Matthew hat einen soft spot für Pfauen. Die kommen von einer ehemaligen Sklavenplantage über den Ashley River geschwommen und hängen ab und zu auf seinem Grundstück rum, ihr ist nicht klar gewesen, dass die Dinger schwimmen können, muss aber so sein, sie werden wohl kaum die Fähre nehmen. Oder fliegen die? Können Pfauen fliegen? Er ruft dann manchmal den tierärztlichen Notdienst. Oder den Naturschutzbund. Um die Pfauen retten oder verarzten zu lassen oder einfach so.

In Toronto hat Phoebe die Pfauengeschichte zum ersten Mal gehört. Zum zweiten Mal in New York, und zwar von Matthews Frau, einer weißblonden Innenarchitektin, deren Tante in den Achtzigern als die schönste Frau Dublins gegolten hatte. In ihrer Version kam, wenn Phoebe sich recht entsinnt, zusätzlich ein weißer Lieferwagen vor, mit dem die Pfauen eines Tages aus völlig undurchsichtigen Gründen abtransportiert werden sollten. Und Matthew sei dem Lieferwagen dann hinterhergerannt und habe sie gerettet. Keine Ahnung, vor wem oder vor was.

Wegen irgendetwas, das mit diesen Pfauen zu tun hatte, hat Matthew seinem Nachbarn kurz vor Ostern einen Besuch abstatten müssen. So geht die Pfauengeschichte los. Und damit, dass Matthews Nachbar keine einzige Pflanze auf seinem Grundstück hat, nur Betonflächen in Pastellfarben. Jedes Mal, wenn sie die Pfauengeschichte hört, verschwimmt Phoebes Vorstellung des Anwesens mit ihrer Erinnerung an ein Computerspiel, das sie als Kind mit ihrer besten Freundin Jacoby gezockt hat. Sie waren zehn Jahre alt und Diplomatenkinder. Ihre größte Gemeinsamkeit bestand darin, dass sie nicht von ihren Eltern aufgezogen worden waren, sondern von deren Hunden. Das Computerspiel war eine Mischung aus Realitätssimulation und Sozialexperiment, in der man aus verpixelten Steinplatten Einfamilienhäuser entwerfen und gottgleich den Alltag der dort eingezogenen Menschen gestalten konnte. Sie haben die Leute abwechselnd Kinder zeugen und per Mausklick im Pool ertrinken lassen. Wurde das zu langweilig, kauften sie ein. Soundsystem, Sprungbrett, flamingoförmige Vasen. Sofas mit Zebrabezug, ein drittes Stockwerk. Wendeltreppen, japanische Zierkirschen. Und Haustiere. Unmengen exotischer Haustiere.

Genauso stellt sich Phoebe das Grundstück von Matthews Nachbarn vor. Vielleicht sogar sein ganzes Leben. Ihn selbst im rosa Poloshirt. Oder in einem zu engen Hemd mit Längsstreifen, randlose Brille, Haare nach hinten gekämmt, dann dieses spezielle Stück Bauchhaut, das sich über der Gürtelschnalle wölbt und bei einer millionenstarken Horde vergleichbar aufgestellter Finanzdienstleister identisch aussieht, auf identische Weise den untersten Hemdknopf fast zum Abspringen zwingt, man denkt da an giftige Gase, die eine Oberfläche zum Zerreißen spannen, an Gase, die entstehen, während etwas verrottet.

Dieser Nachbar hat einen Pfau auf seinem Grundstück erschlagen. Mit einem Golfschläger. Er hat das Matthew voller Stolz erzählt. Der Pfau hat ihn genervt und er hat ihn deshalb mit einem Golfschläger erschlagen. Im Pyjama, nimmt Phoebe an. Matthew sei seiner Frau zufolge daraufhin in Tränen ausgebrochen, beziehungsweise seien ihm daraufhin Tränen in die Augen geschossen, ich denke, das ist ein Unterschied.

Das ist die ganze Pfauengeschichte.

Phoebe glaubt, die Geschichte sei vor allem deshalb eindrucksvoll, katapultiere vor allem deshalb so viele der Zuhörer in einen Zustand existenzieller Zerrüttung, weil die Vorstellung des mit einem Golfschläger erschlagenen Pfaus eine gewisse geistige Herausforderung darstellt. Und weil der Akt des Erschlagens eine kaltblütige Präzision erfordert haben muss, die den Affekt, aus dem er resultiert ist, auf spannungsgeladene Weise kontrastiert.

Das ist einfach ein saugutes Bild. Besser als wahllos abgeschlachtete Menschen, oder nennen wir das lieber: eindrücklicher.

Sie könnte die Pfauengeschichte als genau das emp-finden: ein eindrückliches Bild. Anrührend, erschüt-ternd, nette Farben. Am Abend, an dem Matthews Frau ihr die Pfauengeschichte in New York erzählte, fügte sie jedoch etwas hinzu, das sie irritierte.

Sie aßen Gänsestopfleber in einem Restaurant. Es gab keinen Anlass. Das moralische Dilemma, auf das Phoebe hinauswill, ist nicht die Gänsestopfleber. Man darf Gänsestopfleber essen und sich gleichzeitig über den Mord an einem Pfau echauffieren, das schließt sich nicht zwingend aus. Sie hält es nicht mal für ei-nen allzu großen Widerspruch, sich in einem Maserati sitzend über soziale Ungerechtigkeit zu beschweren. Das geht schon irgendwie. Das muss drin sein. Es ist fragwürdig, wenn jemand mit strassbesetzter Schirm-mütze auf dem Golfplatz behauptet, er wäre linksra-dikal. Aber manchmal gelingt es Phoebe, diese Wider-sprüche zu akzeptieren oder zu tolerieren. Sie will auf etwas anderes hinaus.

Matthews Frau saß am Kopfende einer langen Tafel, Matthew über sein iPhone gebeugt ihr gegenüber, acht Menschen zwischen ihnen, unter anderem Phoebe, näher an ihr als an ihm. Er zeigte seinem Tischnach-barn eine Internetseite. Irgendwelche Immobilien in Irland. Irgendwelche Cottagehäuser. Aus den Ge-sprächsfetzen, die sie aufschnappte, ging hervor, dass beide ganz gerne eins kaufen wollten.

Plötzlich erhob sich seine Frau. Rotweinglas in der Hand. Sie unterbrach ihn und rief: »Matthew.«

Er rief: »Ja?«

Sie rief: »Warum haben bei der Wahl in Schweden achtzehn Prozent für die Rechtsradikalen gestimmt?«

Der Tisch verstummte. Matthew legte die Ausnahmeimmobilien weg, eine mechanische Reaktion. Dann begann er, einen fundierten Vortrag über die auseinanderklaffende Schere zwischen Arm und Reich zu halten. Darüber, dass soziale Missstände zu Totalitarismus und Gewaltherrschaft führten, darüber, dass diese Welt eine schlechte sei. Alle hörten zu. Er kann das gut. Und er weiß Bescheid. Er ist Marxist. Ein Marxist mit fünfzehn Karren in der Garage, daneben ein überdachter Tennisplatz. Ich meine das nicht kritisch, Phoebe auch nicht. Aber beginnt man, diese Verhältnisse neutral zu dokumentieren, schwingt die Kritik an ihnen in jedem Satz mit. Man kann nichts dagegen tun.

Einige Zeit später, zwischen Dessert und Käse, nach der Pfauengeschichte und dem bezeichnenden Exkurs zum Thema soziale Spaltung, erzählte seine Frau Phoebe, dass auf ihrem Südstaatengrundstück am Vortag vier Hähne angeliefert worden seien.

Sie mochten Tiere. Sie hätten Hühner, Chinchillas, Kaninchen. Immerhin keine Großkatzen, aber einen Luchs. Sie hätten auch zwei Weißkopf-Seeadler in einer Voliere. Es sei das dritte Paar. Die Pärchen davor seien alle nach einigen Monaten an einem speziellen Katzenvirus verreckt. Das Virus hieße Toxoplasmose. Laut eines Uberfahrers, der Phoebe tags zuvor von Downtown L. A. nach Malibu zu einer Dinnerparty bei einem kasachischen Oligarchensohn gefahren hatte, dessen Privatbank nach seiner Bulldogge benannt war und der kurz vor Mitternacht grundlos, unter Tränen, in einem Anfall betrunkener, hundserbärmlicher Sentimentalität ein abstraktes Gemälde aus dem Jahr 2015 in den Kamin geworfen hatte, dessen Wert auf 1,8 Millionen geschätzt worden war und das eine Landschaft gezeigt hatte, von der man nie ganz sicher gewesen war, ob es sich bei ihr nicht doch um eine Massenvergewaltigung gehandelt hatte, könne dieses Virus Menschen zwar nicht umbringen, bei weiblichen Menschen unter Umständen jedoch zu Depressionen führen. Das sei seiner Frau passiert. Die habe sich umgebracht. Und er glaube nicht nur, der Grund dafür sei Toxoplasmose gewesen. Er wisse es.

Phoebe fragte Matthews Frau, warum. Warum vier Hähne. Sie antwortete, die Hähne hätten sie im Internet gefunden. Sie hätten eigentlich nur einen Hahn gewollt, aber die anderen seien auch niedlich gewesen, und deshalb hätten sie alle vier genommen und sie dann vom Hausmeister in den Stall zu den Hennen sperren lassen.

Phoebe sagte: »Das kann doch nicht gut ausgehen.«

Jeder Vorschüler ahnt intuitiv, dass so etwas nicht gut ausgehen kann.

»Ist auch nicht gut ausgegangen«, sagte Matthews Frau. Die Hennen seien psychotisch geworden. Die hätten sich im Kreis rennend das eigene Gefieder ausgerupft, ein paar seien verblutet. Und die Hähne hätten sich tot gekämpft, noch am Nachmittag ihrer Ankunft. Und Phoebe kommt nicht umhin, auf einen gewissen Furcht einflößenden Widerspruch hinzuweisen, wenn sie Matthews Reaktion auf den ermordeten Pfau mit der Reaktion seiner Frau auf den Tod der durch ihr Verschulden in den Wahn getriebenen Hennen und Hähne vergleicht, deren Ableben, im Gegensatz zu dem Ableben des Pfaus, von beiden bloß mit einem reumütigen, fast belustigten Achselzucken quittiert worden war.

Sie muss da an Leute denken, denen ein bedeutsamer Flüchtigkeitsfehler unterläuft. Ein Flüchtigkeitsfehler in der Größenordnung von: Hui, aus Versehen den Atomknopf gestreift. Und die dann wirklich annehmen, es würde ausreichen, als Entschuldigung anzuführen, dass sie in dem betreffenden Moment »nicht auf ihrer geistigen Höhe« gewesen seien.

Das sind dieselben Leute, die Wortfindungsstörungen vorgeben, statt einzugestehen, dass sie Scheiße labern.

Um ehrlich zu sein, sagt Phoebe zu Jacoby, von der sie die Pfauengeschichte gerade erneut gehört hat, sei ihr jemand lieber, der seinem Feind ins Auge sieht und ihn mit einem Golfschläger erledigt, als jemand, der seine Freunde einander auffressen lässt und wegguckt. Sie kann zunächst nicht beurteilen, ob es Jacoby genauso geht. Sie murmelt unentschieden vor sich hin. Schließlich stimmt sie Phoebe zu.

Sie sitzen in einer Cocktailbar in Toronto, sehen einer Angestellten mit Tigertattoo dabei zu, wie sie die Jukebox desinfiziert, und unterhalten sich mit einem Fremden. Das heißt, sie hören sich den Monolog eines Fremden an, des verzweifelten, spielsüchtigen

Besitzers eines Outdoorgeschäfts, der darüber spricht, wie es sich anfühlt, Schuldeneintreibern der Mafia gegenüberzustehen. Er beschreibt das wie folgt: »Es ist, als säße man in Flipflops auf der Death Row.«

Jacobys Handy klingelt. Sie sagt: »Jetzt? Im Ernst?«

Es ist zwanzig nach zehn. Zuerst ist ihre Halbschwester dran. Jacoby stellt den Lautsprecher an. Den Pferden gehe es gut, sie seien nett zu ihr, sagt die Halbschwester, und dass sie schon ihren Schlafanzug anhabe. Dann reicht sie den Hörer an den Vater weiter. Er hat lange für die NATO gearbeitet. Zum sechsten Geburtstag hat er ihr einen Miniaturpanzer geschenkt. Sie reden über die Demenzerkrankung von Jacobys Mutter und die Aufenthaltsgenehmigung ihrer Pflegerin.

Danach geht es ausführlich um einen Raben, den der Vater in der Nähe seines Landsitzes vom Auto aus beobachtet hat. Er sei »möglicherweise flügellahm« gewesen und hätte in der Nähe einer kleinen Quelle gesessen und dort »ganz viel getrunken«. Sein Tonfall ist vergleichbar mit dem Tonfall, in dem man die Entdeckung eines lebensrettenden Impfstoffs mitteilt.

Als sie aufgelegt hat, sagt sie, dass alle am Durchdrehen seien. Auch ihr Vater. Vor allem der. Die Menschen seien komplett am Durchdrehen. Sie bestellt den dritten Whiskey Sour. Dann klingelt ihr Handy erneut, ein origineller blecherner SMS-Ton, der nach Roboter auf halluzinogenen Drogen klingt. Schade, denkt Phoebe, Bewusstseinserweiterung von Robotern, dazu wird es nie kommen. Nicht der einzige, aber ein ausschlaggebender Grund dafür, dass sie sich für künstliche Intelligenz nicht die Bohne interessiert. Ihr Vater hat Jacoby ein Video geschickt. Es ist sieben Minuten und zweiunddreißig Sekunden lang. Es zeigt einen Raben, der sich nicht von der Stelle bewegt.

»Tut mir leid. Wir gucken uns das jetzt an«, sagt sie. »Aus Respekt vor meinem Vater.«

Es passiert nichts. Es passiert wirklich nichts in diesem Video. Fast acht Minuten lang passiert nichts. Bis der Vater irgendwann seinen Sicherheitsgurt löst und aussteigt. Dann ist das Video zu Ende.

Phoebe fährt Jacoby besoffen nach Hause. Sie hören *It's alright, Ma* von Bob Dylan auf Repeat, weil Jacoby das mit ihrem Vater verbinde oder mit der Welt, die in ihren Augen immer seine gewesen sei, oder die gemeinsame Welt von ihr und ihm, das irritiere sie am meisten, sagt sie, dass er für seine neue Frau ihre gemeinsame Welt verlassen habe und in eine andere übergetreten zu sein scheine.

Diese neue Welt sind die Hamptons.

Statt in der Welt, die er zu Bob Dylans Songs bereist hat, in der er zu Bob Dylans Songs Stierhoden in der Mongolei gegessen hat und im Himalaya fast erfroren und durch China und Australien und Pakistan gefahren ist, hält er sich jetzt an diesem elitären Ort der unterdrückten Traurigkeit auf.

Außerdem hat Jacoby sich, anderes Thema, in der Oberstufe, die Phoebe und sie gemeinsam besucht haben, extrem geekelt, als der Lehrer Bob Dylans Lyrics von der Klasse im Englischunterricht hat interpretieren lassen.

Phoebe sagt ihr, ihr sei das ähnlich gegangen.

»Das sind fantastische Lyrics«, sagt Phoebe, »aber keine guten Texte. Die funktionieren nur mit Musik. Eine perfekte Abfolge von Wörtern, von denen man nur jedes vierte versteht und von denen dann jedes sechste in Begleitung von Akkorden irgendwas Spirituelles im Zuhörer aktiviert. So funktionieren die Texte von Bob Dylan.«

Als Phoebe kurz Luft holt, singt Bob Dylan das Wort »Coincidence«. Vergessen, welcher Song. Doch nicht vergessen. *Baby Blue.*

Und Jacoby ergänzt, dass da einfach auch viel Scheiße untergemischt sei. Eine gute Textzeile fällt ihr allerdings ein. Vielleicht stammt die aber auch von ihr selbst, sie weiß es nicht so genau. *The winds destroyed the borderline.* Eine schlechte auch: *I've stepped in the middle of seven sad forests.*

Wie kocht man einen Pfau? Man vergräbt ihn eine Woche lang unter der Erde, holt ihn raus und schmeißt ihn weg.

»Was soll das?«, fragt Jacoby.

»*I've stepped in the middle of seven sad forests?* Hätte das ein Dreizehnjähriger in sein Tagebuch geschrieben, okay, aber…«

Als Nächstes hören sie *A hard rain's a-gonna fall.*

Dann noch einen Song, von dem sich Phoebe seit ihrem neunten Lebensjahr fragt, für wen Bob Dylan den geschrieben hat. Fängt mit *You're the reason I'm traveling on* an und läuft auf die Zeile *You just kinda wasted my precious time* hinaus, dazwischen wird unaufgeregt festgestellt, dass sich die beiden Menschen, um die es geht, eh nie viel zu sagen gehabt hätten.

Einige Wochen später zieht Jacoby in eine ostkanadische Atlantikprovinz, um sich dort ohne Strom und fließend Wasser selbst zu versorgen. Phoebe besucht Matthew und seine Frau zum ersten Mal in South Carolina, diesem trockengelegten Staat, durch den sich wie mit dem Lineal gehackt Asphaltlinien ziehen. Das Grundstück, das sie nur aus der Pfauengeschichte kennt, liegt zwischen Trauerweiden und Sümpfen. Phoebe kann nicht sagen, was der Grund für ihren Besuch ist. Sie vermutet jedoch, dass diese Affekthandlung aus einem ähnlichen, wenn nicht identischen Gemütszustand wie Jacobys übereilter Lebenswandel resultiert ist. Langeweile. Eine Mischung aus Langeweile und klirrender Verzweiflung.

Sie wird in einem kleinen Gästebungalow neben dem Haupthaus untergebracht. Am ersten Morgen wacht sie auf, weil Matthews Frau sie über Whatsapp anruft. Es gebe eine Tierproblematik. Sie brauche ihren Rat. Da habe ein Drama mit der Katze stattgefunden. Sie würde im hinteren Teil des Gartens auf sie warten.

Phoebe geht im Schlafanzug zu ihr. Matthews Frau trägt die französische Interpretation eines Kimonos und läuft hinter einer Zierkirsche auf und ab, sie raucht mit gesenktem Kopf und hält den Nagel ihres Daumens an die Unterlippe.

»Ist es was Schlimmes?«, fragt Phoebe.

»Ja, schon«, sagt Matthews Frau. Die Katze habe einen Vogel geschlachtet. Der Vogel lebt noch. Augen halb geschlossen, atmet weiter, er hat eine Bisswunde, die zwei Drittel seines Körpers überzieht. Phoebe fragt, ob sie den Vogel erschlagen sollten. Matthews Frau sagt, vielleicht lasse man das besser die Katze beenden. Im Baum sitzt die Mutter von dem Vogel.

Sie ziehen sich zurück, damit die Katze den Vogel ungestört plattmachen kann. Die Katze lauert hinter der Schuppentür. Sie freut sich schon oder wirkt zumindest so.

Ein paar Minuten später sehen sie dem Vogel aus der Entfernung dabei zu, wie er im Maul der Katze mit den Flügeln flattert. Sie lässt ihn auf den Rücken fallen und streichelt dezent mit der Pfote über seine aufgebissene Unterseite, steckt dann eine Kralle in das Loch in der Bauchdecke, um sie nach ein paar Sekunden behutsam wieder rauszuziehen. Der Vogel lebt weiter.

»Wäre die größer, würde die das auch mit uns machen«, sagt Phoebe.

Daraufhin beschließt Matthews Frau, sich ein Eis zu holen. Es ist viertel nach sieben.

Phoebe geht zurück in ihren Bungalow und steamt ihr Kleid. Sie fragt sich, ob ihr Sterbehilfe bei einem Familienmitglied leichter fiele. Bei einem Lover vielleicht. Aber nicht bei irgendwas Blutsverwandtem, nicht bei jemandem, der ihr schwächer vorkommt als sie selbst.

Per Whatsapp einigen sich Phoebe und Matthews Frau darauf, dass der Vogel jetzt tot sein müsste. Als würden sie demokratisch über etwas abstimmen, von dem sie nicht im Geringsten ahnen können, was es ist. Sie legt sich ins Bett und liest einen Roman über einen Schriftsteller weiter. Er bringt gerade die Knöpfe seiner einzigen Jacke zur Pfandleihe, um sich einen neuen Bleistift leisten zu können.

Zwei Stunden später steht Phoebe vor dem Bungalow, sie raucht, sie hat einen einzigen Lockenwickler im Haar, weil ihr Pony sonst scheiße fällt.

»Der Vogel lebt immer noch«, sagt Matthews Frau. Kreidebleich. Und dass sie die Angestellten und den Hausmeister und die Köche darüber in Kenntnis gesetzt habe. Der Vogel werde bei Gelegenheit entsorgt.

Sie denken kurz über Tierarzt nach, wissen aber beide nicht, ob man den Vogel anfassen sollte.

»Vielleicht Karton drüber«, sagt sie. Phoebe fragt nicht, warum. Phoebe fragt nicht, was Matthews Frau mit dem Stülpen eines Kartons über einen sterbenden Vogel zu bezwecken gedenkt.

»Wer entsorgt ihn denn?«, fragt sie. Matthews Frau weiß das auch nicht so genau. Die Jungs in der Küche hätten alle nur mit erhobenen Händen und Lustlosigkeit reagiert. Der Hausmeister sei gerade noch mit etwas anderem beschäftigt. Die Putzfrauen hätten sich darauf geeinigt, man müsse einen Stein auf den Vogel fallen lassen, einen schweren, dicken Stein. Und Matthew sei der Ansicht, man müsse Caspar auf die Sache ansetzen.

»Wer ist Caspar?«, fragt Phoebe.

»Der Hund von unserem Nachbarn.«

»Der Nachbar, der den Pfau erschlagen hat?«

»Wir haben keinen anderen.«

Der Vogel hat sich unter einen Federbuschstrauch gerobbt. Augen offen. Ein paar Fliegen umkreisen ihn. Er blinzelt mechanisch in regelmäßigen Abständen.

»Ich gehe Caspar holen«, sagt Matthews Frau. Zwanzig Minuten später kommt sie mit einem Hund zurück oder er mit ihr, man weiß nicht, wer da wen an der Leine führt. Entgegen Phoebes Erwartung handelt es sich bei dem Hund des Nachbarn weder um einen Königspudel noch um einen Jagdterrier. Es ist ein fetter Labrador mit von Tumoren ausgebeultem Rumpf, dessen Lungen sie schon von Weitem pfeifen hören kann. Am Federbuschstrauch deutet Matthews Frau mit dem Fuß auf den Vogel, dann lässt sie den Hund von der Leine.

Die Frauen erwarten ein Gemetzel. Sie zwingen sich, den Blick abzuwenden, sie wissen nicht, ob sie das aus Scham oder Anstand tun.

Phoebe fragt, wie es den Kindern gehe – gut. Danach fragt sie, was der Nachbar beruflich mache.

»Das weißt du nicht?«

»Nein.«

»Verarschst du mich?«

»Nein.«

Matthews Frau erklärt, um wen es sich handelt.

Wenn Sie in Ihrem Leben schon mal eine Zeitung in der Hand hatten, müsste Ihnen sein Name geläufig sein, deshalb kann Phoebe ihn an dieser Stelle keinesfalls nennen. Der Nachbar ist früher im Vorstand einer Bank gewesen, die er durch riskante Spekulationen vor die Wand gefahren hat. Deshalb saß er im

Gefängnis. Aber nicht lang genug. Wegen Betrugs hinter Gitter gewandert und aus gesundheitlichen Gründen nach wenigen Monaten wieder entlassen worden, jetzt vegetiert er pfauenerschlagenderweise in seiner Ausnahmeimmobilie vor sich hin, während Abertausende seiner kriminellen Energie zum Opfer gefallene Menschen in ihren Autos leben, sie sieht jetzt, als Matthews Frau den Namen nennt, die Gesichter der Obdachlosen in San Francisco vor sich, denen sich eine spezielle Form von Wahnsinn eingeschrieben hat, der apathische andauernde Schock über die Schlagartigkeit der Ereignisse, die ihr mittelmäßiges Leben haben scheitern lassen, der Schock, der zu einer Bewegungsstarre geführt hat, zu stürmischer Taubheit.

Sein Labrador schnuppert an dem Vogel. Der Vogel scheint die Luft anzuhalten. Der Hund dreht ihn vorsichtig mit seiner Nase auf den Bauch, inspiziert ihn eingehend. Dann legt er sich mit dem Arsch voran zu ihm auf den Boden und schläft ein. Matthews Frau und Phoebe sehen sich an. Sie müssen lachen. Matthews Frau sagt, Phoebe solle sich umdrehen, ganz langsam. Hinter ihnen, am Ufer, stolzieren drei Pfauen auf und ab. Zwei Hennen ohne Schleppen, die wie elitäre Truthähne wirken. Zwischen ihnen ein alter männlicher Pfau, der kaum noch Federn hat. Der Pfau hat sein Pfauenrad verloren. Und deshalb kippt der immer so nach vorne. Phoebe weiß nicht, warum Pfauen ihre Federn verlieren. Mangelerscheinung, Altersschwäche, Krankheit. Oder er hat die Federn beim Angriff eines Tiers zur Ablenkung abgeworfen, soll auch vorkommen. Es ist ein bizarres Bild. Der Pfau scheint nicht zu verstehen, dass der hintere Teil seines Körpers nicht mehr vom vorderen ausbalanciert werden muss, der checkt nicht, dass ihm da was fehlt, deshalb stolpert der immer so nach vorne und donnert bei jedem zweiten Schritt mit der Nase gegen den Boden.

Der ganze Körper denkt, da wäre hinten noch was dran. Dabei ist da nichts mehr. Nur sein nackter alter Arsch. Und sollte Phoebe jemals eine bessere Metapher für den derzeitigen Zustand Nordamerikas gehört haben, dann hat sie sie guten Gewissens zugunsten dieser hier verdrängt.

НАДРЫВ

Ich war in Russland und kam mit einer Augenentzündung zurück. Keiner normalen Augenentzündung. Das war die Krankheit, von der ich immer vergesse, wie sie heißt. Klingt ein bisschen nach griechischer Rachegöttin. Schwester von Helena. Klytaimnestra. Ah, genau. Chlamydien. Ich hatte Chlamydien, aber im Auge. Eine Geschlechtskrankheit, die man nur im Auge haben kann, wenn man ein Säugling ist und sich im Geburtskanal seiner infizierten Mutter angesteckt hat. Mein Auge war wochenlang kein Auge mehr, sondern ein vereiterter Tischtennisball, ein von wässrigen, schleimigen Absonderungen überzogener Fremdkörper. Die europäischen Ärzte konnten sich nach meiner Rückkehr kaum erklären, woher ich das hatte, so etwas gab es bei uns nicht. Aus dem Wasser, mutmaßten sie verzweifelt. Und wenn mich die Leute später fragten, aus was für Wasser, dann holte ich Luft und antwortete mit gen Himmel gerichtetem Blick beim Ausatmen: »Wolga.«

Ich war in der Wolga schwimmen. Das hätte keine gesundheitlichen Folgen haben müssen. Hatte es aber. Es war da eine Rinderfarm in der Nähe, von der wusste ich nichts. Die fiel mir erst auf, als eine Kuh auf mich zutrieb. Augen offen, Beine Richtung Himmel gestreckt. Die hatten das Tier zusammen mit einer toxischen Mischung aus Antibiotikaresten und Abfall in den Fluss geworfen, paar Hundert Meter von meiner Einstiegsstelle entfernt. Plötzlich bemerkte ich auch einen grünlichen Schimmer auf der Wasseroberfläche, von dem ich annahm, dass er zur Auflösung meiner gesamten Zellpopulation führen würde. Ich dachte echt an Tschernobyl. Sah mich, während ich schwamm, von innen verfaulen und als neonfarbener Schleim in einem Kaff voller Alkoholiker und wilder Hunde beerdigt werden, tausend Kilometer südöstlich von Moskau, in einem Ort, der nach wildem Westen aussah und in dem man nachts nur hinter vergitterten Fenstern sicher war. Wasteland, völlig unerschlossen, verteidigt von den besiegten und gedemütigten Feinden des Westens, die mehr über mich wussten als ich über sie. Ich kann das nicht besser beschreiben. Will ich aber. Halte ich für wichtig. Oder für gesellschaftlich relevant. Oder auch für eine nette zeitgenössische Liebesgeschichte, Gruß an alle Beteiligten. Wo fange ich an? Ganz vorne.

Mit Arkadi. Besser mit Maria. Nein, scheiße, ich muss mit beiden anfangen, geht nicht anders.

*

Die beiden sitzen beim Japaner. Er bestellt fünfundzwanzig Seeigel ohne Reis. Sie sagt zu ihm, dass sie,
sollte sie tatsächlich die Erfüllung seiner gewaltigs-
ten Träume sein und sollte er wirklich glauben oder
gar wissen, niemand außer ihr komme als Frau für
ihn infrage, dass sie sich dann, heute, nach all den
Jahren der Verweigerung, auf ihn einlassen würde.
Sie schlägt vor, ein Taxi in eine Bar zu nehmen, die
nach seiner Heimatstadt benannt ist. Und dass sie
notfalls noch ein zweites Mädchen aufreißen könnte,
um ihm den Druck zu nehmen und den Umgang mit
der Situation zu erleichtern, einer Situation, die ohne
Frage aufgeladen sei. Er nickt. Sie nehmen ein Taxi in
die Sotschi Bar. Sie liegt am anderen Ende der Stadt.
In dieser Bar spricht Maria zwei Frauen an, Arkadi
bleibt verunsichert an der Tür stehen und redet mit
Neuseeländern über Politik. Die Frauen finden den
Vorschlag, Gruppensex zu vollziehen, offenbar gut.
Oder interessant, oder was weiß ich, sie sind jedenfalls dazu bereit, mit Arkadi und Maria ins Hotel zu
fahren. Entgegen Marias Erwartung hat Arkadi keine
Suite, sondern ein stinknormales Zimmer. Die Mädchen wirken irritiert, weil die Wirkung vom Speed
nachgelassen hat und jetzt von der Wirkung des bei-
gemengten Rattengifts abgelöst wird. Maria sieht ihnen ihre Panik an. Panik vor dem Aluminiumkoffer,
der im Badezimmer steht und nach Drogenschmug-
gel aussieht.

Eins der Mädchen legt sich zu ihr. Das andere bleibt
auf dem Schreibtischstuhl sitzen. Arkadi hüpft ko-

boldartig um Maria und das Mädchen im Bett herum. Wie damals, als er mich ins Gesicht gekniffen und mir danach vor zwanzig seiner Angestellten das Ohr ausgeleckt hat, koboldartig ist dafür wirklich der einzige zutreffende Begriff.

Die beiden Mädchen haben irgendwann keinen Bock mehr und hauen ab. Als sie weg sind, liegt Maria unter Arkadi. Er liegt nicht auf ihr. Er beugt sich über sie, in einer zu engen Unterhose, und stützt ein Bein auf der Bettkante ab. Die Erinnerung, die sich ihr am tiefsten eingeprägt hat, ist die an seinen großen Zeh. Ein von ihr als knubbelig und schlumpfig bezeichneter Zeh, ein knubbeliger Schlumpfzeh. Arkadi fickt sie nicht, er kann das nicht. Stattdessen beginnt er, ihr einen Vortrag zu halten. Einen strengen Vortrag, mit erhobenem Zeigefinger, er muss dabei wie ein versoffener Sportlehrer in der ostwestfälischen Provinz gewirkt haben. Ein Vortrag über die Fehler, die sie innerhalb der letzten Jahre gemacht habe. Er zählt auf, zu was der Mensch, der sie seiner Ansicht nach sei, imstande gewesen wäre. Und dass sie sich alles, was sie hätte werden können, aufgrund ihres Mangels an Durchsetzungsfähigkeit leider für immer verbaut habe.

Dann rollt er sich am Fußende des Bettes zusammen. Es ist viertel nach fünf. Maria ruft ein Taxi und fährt nach Hause.

»Hat er geweint?«, fragte ich.

»Ich glaube schon.«

Den ersten Teil dieser Geschichte erzählte sie mir

beim selben Japaner, bei dem sie mit Arkadi gesessen hatte, aber an einem anderen Tisch. Den zweiten Teil im Windfang eines Italieners, bei dem wir Desserts zum Mitnehmen aus Glasvitrinen aussuchten, hauptsächlich Windbeutel. Wir gingen zu ihr nach Hause. Ihre ehemalige Grundschullehrerin war zu Besuch.

Ihre ehemalige Grundschullehrerin erzählte von ihrer Vergewaltigung. Ich erzählte von meiner Vergewaltigung. Maria erzählte von ihrem Stalker, einem Psychopathen aus der Pfalz, der ihr Klingelschild durchgestrichen und den Hausflur bis zu ihrer Wohnung im dritten Stock mit Muscheln dekoriert hätte, wobei »dekoriert« mir hier wirklich nicht das passende Wort zu sein schien. Zwei Wochen später sei er dann in ihre Wohnung eingebrochen und habe Bettwäsche mitgebracht. Das sei ein Dreivierteljahr so gegangen. Bis sie ihn eingestellt habe.

»Bitte was?«, fragte ich.

»Der arbeitet jetzt für mich«, sagte sie.

»Er arbeitet für dich?«

»Holt Sachen aus der Reinigung und macht Recherche. Solche Dinge.«

»Er macht Recherche?«

»Ja, wenn mich irgendwas interessiert«, antwortete sie und gähnte.

»Kannst du ein Beispiel nennen?«

»Bitcoins, Dreißigjähriger Krieg.« Nach kurzem Nachdenken fügte sie noch »Maria Stuart« hinzu.

Das klang alles nach niveauvoller US-amerikanischer Sitcom, sie meinte das aber völlig ernst. Ich schwieg. Sie auch. Ihre Grundschullehrerin begann, sich zu schminken. Wir wollten ausgehen, wussten aber nicht, wohin, und mussten deshalb auf den Rückruf von Marias Heilpraktiker warten.

Um die Zeit zu überbrücken, streamten wir eine Folge von *Der Hundeflüsterer*. Cesar Millan war ein Tiertrainer aus den USA, dessen Sendung guckte Maria gerne mal, half offenbar bei der Erziehung ihres verhaltensgestörten Pinschers. In der Folge trainierte Millan einer englischen Bulldogge das Beißen ab. Der Besitzer musste sich von dem Hund zuerst den Arm zerfleischen lassen und ihn danach, mit halb zerfleischtem Arm, dominieren, das hieß in diesem Fall: den Hund auf den Boden drücken. Hat funktioniert, die Bulldogge hat nicht mehr gebissen.

»Im Grunde muss man nur beschließen, was man will«, schlussfolgerte Maria aus dieser Szene. »Und dann nichts mehr tun, um es zu bekommen. Bloß standhaft bleiben und abwarten.«

Maria hatte kurze, schwarze Haare, sie hatte Sommersprossen und fünf Geschwister. Mit zwölf war sie in Nowosibirsk von einer Schlange ins Bein gebissen worden, deshalb humpelte sie ein bisschen, sobald sich das Wetter veränderte. Mit Anfang dreißig sah sie aus wie eine Art intellektuelle Pocahontas, ich vermutete, dass das mit mongolischen Vorfahren zusammenhing. Sie kannte sich genauso gut mit Brainhacking wie mit Expressionismus aus, mit der neuen Kollektion von Balenciaga wie mit den ungewöhnlichen Strukturen des deutschen Bankwesens; sie war eine Meisterin der kenntnisreichen Spekulation, so würde ich das nennen, dabei hatte sie nicht mal

Internet, nie gehabt. Ich wusste, dass sie als Unternehmensberaterin gearbeitet hatte, als Restauratorin und als Galeristin, immer ohne E-Mail-Adresse, Meditation schien zur Bewältigung ihrer Aufgaben ausreichend gewesen zu sein. Sie hatte ein Restaurant geleitet und eine Ausbildung zur Reittherapeutin gemacht. Zurzeit las sie Bücher über Spracherwerb und beschäftigte sich mit dem Leben ihres Großvaters, der in Wolgograd Fundamente für Monumentalstatuen gebaut hatte – unter anderem für die einer fünfundachtzig Meter hohen Frau mit Schwert, auf deren Betonsockel sie als Kleinkind jedes Wochenende von links nach rechts gekrabbelt war. Ihre Mutter hatte im Museum zum Gedenken an die Stalingrader Schlacht gearbeitet, ihr Vater fünf Liter Cola am Tag getrunken und Bilder von sich selbst gemalt. Und sie hatte eine Fähigkeit, wie ich sie in dieser Ausprägung noch nie erlebt hatte, außer vielleicht bei mir selbst: Sie konnte in die Seele eines Menschen, der sich bedroht fühlte, schauen. Röntgenaugen für das Innerste.

Ihr schwuler Heilpraktiker rief an. Wir gingen mit ihm in ein Bordell. Er war gar nicht schwul. Maria war einfach davon ausgegangen, dass Heilpraktiker immer schwul wären. Wir setzten uns an den Tresen, tranken acht Tequila und ließen uns von einer brasilianischen Prostituierten Fotos vom Abiball ihrer Tochter zeigen. Zuerst küsste sie Maria, dann mich. Dann küssten Maria und ich uns. Ich entschuldigte mich bei ihrer Grundschullehrerin dafür, die winkte jedoch energisch ab und sagte mehrmals hintereinander, dass sie kein Problem mit Lesben habe, wir knutschten also weiter. Maria, die Grundschullehrerin und der Heilpraktiker brachten mich zur S-Bahn. Als ich ausstieg, war es hell, und ich pisste hinter ein Plakat am Gleis, das für Krebsvorsorge warb, dabei drohte ich mehrfach das Gleichgewicht zu verlieren. Ich hatte wirklich zu viel gesoffen, sah mich schon in Kaskaden der Selbstgeißelung zwei Tage lang paranoid und übersäuert im Bett liegen bleiben. Stattdessen ging ich um vierzehn Uhr dreißig an mein Telefon, weil Maria anrief. Zum ersten Mal seit zwei Jahren empfand ich etwas, das ich als Nervosität bezeichnet hätte. Wir redeten über russische Knasttattoos. Im Gegensatz zu mir wusste sie, was diese zwei Sterne auf den Knien bedeuteten. Dass man sich niemandem unterworfen, dass man sich vor niemandem hingekniet hatte. Sie sagte, die Nutte und ich hätten Ähnlichkeiten gehabt. Unsere Gesichter. Aber mein Gesicht sei »nicht zu toppen«.

Dann fragte sie mich, ob ich wisse, wo sie aufgewachsen sei. Wusste ich nicht. In Krasnoslobodsk, ein Arbeiterdorf, in dem vor Stalin Schiffe repariert worden seien. Sie könne mir das mal zeigen. Kleines Kaff in der Nähe von Wolgograd, dem deprimierenden Retro-Wiederaufbau des in Schutt und Asche gelegten Stalingrad. Man könne es sich ganz schön machen dort, Keller ausmisten, den ganzen Sommer lang Teigtaschen fressen, in der Wolga schwimmen. Ich müsse mich auch nicht impfen lassen, nur ein paar lange Klamotten mitnehmen. Sie wolle mir nicht zu nahe treten, aber mein Kleidungsstil sei zu freizügig für die muslimisch geprägte Provinz im Südosten Russlands, sie könne mir sogar was borgen, sie hätte ein paar schöne Leinenhemden.

Als sie aufgelegt hatte, ging ich in den Keller und zog ein Buch aus einem Karton. Es hieß *Rubens in Sibirien.* Darin ging es um Beutekunst aus Deutschland. Klassische Gemälde, die im Zweiten Weltkrieg geraubt worden waren und heute in irgendwelchen russischen Provinzmuseen zwischen billigen Ikonografien rumhingen, kein besonders mitreißendes Buch, trotzdem las ich es im Stehen durch, als wäre es *Harry Potter* oder ein Whatsapp-Verlauf im Handy meines mich betrügenden Mannes. Und allmählich begann ich zu verstehen, dass ich weder auf Arkadi noch auf Maria noch sonst irgendein menschliches Wesen stand. Ich stand auf Russland. Ich war verknallt in Russland. Schon immer gewesen. Wenn im Fernsehen das Lenindenkmal in Moskau gezeigt wurde, zu irgendeinem Trauermarsch, und im Hintergrund skateten Teenager, dann konnte ich vor Aufregung nicht mehr weiteressen, ging nicht. Drohnenaufnahmen vom Friedhof in Stalins Heimatdorf. Zusammenschnitte von Beerdigungen russischer Staatschefs. Oder der Moment, in dem Gorbatschow Anfang der Neunziger seine Rücktrittserklärung unterschreiben sollte und das dann auch in Würde tat, ohne zu warten, bis das Kamerateam vom Kugelschreiber auf sein Gesicht zoomen konnte. Er hat das einfach unterschrieben, die Fernsehdramaturgie ist ihm scheißegal gewesen, kein Bock auf den Schrott. Wenn ich in einem Bildband einen Birkenwald entdeckte oder bei Dostojewski was über Romantik las oder in diesem Buch über Beutekunst ein Kapitel darüber, dass aus Griechenland importiertes Gold der Grund dafür gewesen sei, warum sich in Russland das orthodoxe Christentum durchgesetzt habe und nicht der Islam – dann musste ich mich hinlegen, fast so, als wäre ohne Vorwarnung der Name einer Person ausgesprochen worden, mit der ich seit Jahren ins Bett wollte. Ich musste mich hinlegen. Vor Erschöpfung.

*

Ich zählte Arkadi zu meinen Feinden. Trotzdem achtete ich ihn mehr als die meisten der Männer, die ich als meine Kumpels bezeichnen würde, mir sind Zorn und Zynismus im Kampf gegen Gegner immer lieber gewesen als Heuchelei im Kampf um gar nichts. Menschen, deren Beweggrund Vergeltung ist, interessieren mich mehr als Menschen, die nichts Besseres als die Bekehrung Schwächerer mit sich anzufangen wissen, was heißt, die interessieren mich mehr. Die halten mich am Leben. Oder davon ab, dieses Leben mit einem bulimischen Wechselspiel aus Fressanfällen und Zirkeltraining zu vergeuden. Ich bin nicht stolz darauf. Halte diesen Zug meiner Persönlichkeit auch eher für ein Zeichen von Bekloppheit als für ein nettes Alleinstellungsmerkmal. Trotzdem, ich zöge einen gewalttätigen Gegner von was auch immer jederzeit einem dieser Langweiler vor, die sich etwas darauf einbilden, auf der richtigen

Seite zu stehen. Hat im weitesten Sinne mit Macht zu tun. Falsch. Hat mit Macht im weitesten Sinne zu tun. Damit, dass man nur deshalb zu einem zynischen Arschloch wird, weil man einen Machtanspruch in sich trägt, der stärker ist als das Interesse am harmonischen Konsens. Und mir gefällt dieser Machtanspruch, mir gefallen Menschen mit Macht, mir gefällt Macht als solche. Abgesehen davon ist ein menschliches Wesen ohnehin darauf trainiert, im Zweifelsfall die Macht der Ohnmacht vorzuziehen.

Geht es mir wirklich um die Macht dieser Männer? Um das Rumgefuchtel mit Zigarren, die Lamborghinis, darum, dass sie gewinnbringend Fibeln über Kriegskunst gelesen und gefälschte Pässe im Tresor liegen haben? Nein. Es geht mir um das, was passiert, wenn sie sich von mir ihre Macht veruntreuen lassen. Um den kleinen Spalt zwischen Unsicherheit und Einfluss, zwischen Kompensation ihrer Schwäche und dem Rest dieser Schwäche, den sie nicht zu kompensieren geschafft haben, ich stehe auf die Schnittstelle zwischen diesen beiden sich im Unbewussten eines mächtigen Mannes zerfleischenden Extremen, einfach nur, weil ich diese Schnittstelle verwischen und den Mann dadurch zu etwas machen kann, das sich von seiner inneren Zerfleischung aushöhlen lässt. Klingt kompliziert und sadistisch, ist auch ein bisschen kompliziert. Vielleicht ist es auch ein bisschen sadistisch. Egal. Diese Geschichte hier hatte nur wenig mit Arkadi zu tun, trotzdem spielte er im Gesamtzusammenhang eine wichtige Rolle, vielleicht sogar die wichtigste. Ich habe den Ehrgeiz, bestimmten Prozessen auf den Grund zu gehen, die einen Teil meiner Seele von Eigenschaften angezogen sein lässt, die der andere Teil meiner Seele – der Teil meiner Seele, den ich für den zivilisierten halte – verachtet.

Mein Verhältnis zu Frauen unterscheidet sich von meinem Verhältnis zu Männern. Weniger, weil ich selbst eine Frau bin. Eher, weil ich gerne mit ihnen ins Bett gehe. Frauen will ich nicht zu Zombies machen, absolut nicht. Ich will mit denen reden, ich will die vögeln, dann will ich noch mal mit denen reden, und dann will ich, dass sie aufstehen, nach Hause gehen, sich in der U-Bahn irgendeinen rechtsphilosophischen Podcast anhören und mit Kampfsport anfangen. Das will ich von Frauen. Keine Verabredung zum Museumsbesuch, keinen Link zur Terminvereinbarungsseite eines Kosmetiksalons, der noninvasives Lifting anbietet. Nur bedingungslose Solidarität im Kampf gegen ein System, das uns kontrolliert, indem es uns unsere Körper hassen lässt.

Die erste Million ist immer fragwürdig. Das sagt man reflexhaft über Russen, die in den Neunzigern zu Geld gekommen sind. Arkadi war, wenn man es schlecht mit ihm meinte, und das tue ich gerade, ein Teddy. Meinetwegen auch ein Schlumpf. Ein Schlumpf in einer Rüstung aus Zynismus und Größenwahn. Schlechte Haare, dunkler Humor. Umrisse eines Diktators. Das Fleisch eines ängstlichen Kindes. Stellen Sie sich ihn bitte wirklich kurz als Schlumpf vor. Am liebsten ging er mit gebildeten Südeuropäerinnen unter dreißig ins Bett. Frauen, die für ihn arbeiteten. Die durften nicht russisch aussehen. Half auch nichts, wenn sie von einem Edelgestüt in Bamberg kamen und Philosophie studiert hatten. Sahen sie russisch aus, wurden sie nicht eingestellt, die sollten einfach nicht russisch aussehen. Künstliche Nägel waren tabu, blond gefärbte Haare auch. Obwohl die ganzen elitären Mädels im Westen neuerdings alle so durch die Gegend rannten. Ein weiterer Beweis für meine These, dass die Sieger das Verhalten der Besiegten übernehmen, nicht andersrum. Die NSA imitierte dreißig Jahre nach Ende des Kalten Krieges die Stasi. Und die gutbürgerlichen Girls aus deutschen Vororten gaben Unsummen aus, um wie polnische Nutten rüberzukommen. Wollte man als Frau Arkadis Gunst gewinnen, musste man aber nach Mittelmeer aussehen. Oder nach blasser Nymphe, nach Volleyball, nach Sokrates im Original, bisschen auch nach Lustschmerz oder was weiß ich. Mich wunderte, dass sich so viele diesem Schema entsprechende Frauen finden ließen, die sich zur Zusammenarbeit mit Arkadi bereit erklärten. Aber die gab es wirklich. Arbeiteten ihm zu wie überbegabte Ameisen auf High Heels. Er war auf sie angewiesen. Delegierte sie, schlief mit ihnen. Es gab auch noch die Frauen, die er liebte. Und die keine weitere Gemeinsamkeit teilten als die, dass sie ihn nicht wollten. Sondern mich. Ich war mit ein paar von denen im Bett. Das war nicht die einzige Schnittstelle zwischen Arkadi und mir. Aber die Interessanteste. Am interessantesten daran war, dass ich auch mit ihm im Bett war.

Ich wusste nicht, welcher Unterschied zwischen Arkadi und mir der größte war. Dass er ein Mann war und ich eine Frau? Dass er seinen ersten Vollrausch zu systemkritischer Volksmusik hatte und ich meinen zu *Survivor* von Destiny's Child, auf einem verrosteten Spielplatz an der Donau? Dass meine Vorfahren Bergarbeiter, Weinbauern oder Richter waren und seine Vorfahren Verfolgte? Keine Ahnung, ich wusste es wirklich nicht.

Ich wiederhole mich. Aber man fährt als Frau nicht auf Macht als solche ab bei diesen im Brei ihrer Außenwirkung versunkenen Berserkern, man fährt auf eine spezielle Eigenschaft ab, die zu Macht führt. Darauf, dass die sich über ihre angeborenen Schwächen erheben, statt ihnen zum Opfer zu fallen. Es gibt da einen Graben, der zwischen dem liegt, was sie sind, und dem, was sie glauben, sein zu müssen, sein zu können, dem, was ihnen ihrer innersten Überzeugung nach zusteht. Wie ein Wombat, der zwei sibirische Tiger erlegt hat. Da interessiert man sich ja auch dafür, wie es dazu gekommen ist. Wie ein Wombat so was schaffen konnte. Gleichzeitig hätte der Wombat auch einfach einer alten Dame über die Straße helfen können, um die Überschreitung seiner natürlichen Grenzen zu demonstrieren, der Tod zweier sibirischer Tiger hilft niemandem weiter, zumal es sich bei diesen Geschöpfen in den meisten Fällen um Zootiere handelt.

Arkadi baute Häuser, gründete Stiftungen, stattete Kinderkrankenhäuser mit Kunst aus. Er ließ Utopien errichten oder gab zumindest vor, das zu tun, die meisten sind noch immer Baustellen, umzäunte Löcher im Planeten. Er gab sein gesamtes Vermögen in Europa aus. Er war das, was man einen Oligarchen nennt, und er behauptete bei jeder sich bietenden Gelegenheit, es ginge ihm um kulturelle und privatwirtschaftliche Verständigung zwischen Ost und West.

Im Grunde, das wird mir nach einer kurzen Unterbrechung klar, in der ich im Badezimmer nach einem Wattestäbchen gesucht und keins gefunden habe – im Grunde (will ich »im Grunde« schreiben, vervollständigt der Computer die erste Silbe zu dem Wort »Gruppensex«, warum?) –, im Grunde bestand der wichtigste Unterschied zwischen Arkadi und mir darin, dass er Kokain nahm und ich nicht. Ich nehme kein Kokain, ich lese eher. Ich bilde mir darauf nichts ein. Obwohl, doch. Die Entwicklung einer Drogensucht wäre bei meiner Vorgeschichte kein großer Akt gewesen. Aber ich habe das gelassen, ich habe mich zusammengerissen, Dauerlauf gemacht und nächtelang gegen all das angelesen, was jemand wie Arkadi für das Missverhältnis zwischen Männern und Frauen hält. Da gibt es Unterschiede. Streite ich echt nicht ab. Aber das, was er für den größten Unterschied hielt zwischen mir und ihm, das hielt ich für unsere größte Gemeinsamkeit.

Wer von uns gewonnen hat? Am Ende? Kann ich nicht beurteilen. Auch nicht, bei was. Weil es nichts zu gewinnen gab. Mein Vorteil war, dass ich außerhalb des Wettbewerbs angetreten bin. Der Wettbewerb ging in seinem Büro los, da habe ich ihn zum ersten Mal getroffen. Er saß an seinem Schreibtisch. Dahinter hing knallhart ein Propagandaplakat von Stalin aus den Dreißigern, doppelte Ironie, er hatte sich zwischen Sextoys, wertvollen russischen Artefakten und kindlich verspielten Dekorationsobjekten eine Art *Reich* geschaffen. Im Wesentlichen fand ich das erfrischend. Muss ich wirklich sagen. Was Arkadis Ziel war, kann ich mir ungefähr vorstellen. Friedensnobelpreis? Die Revolutionierung des sozialen Wohnungsbaus? Die Abschaffung von politischem Totalitarismus für alle zukünftigen Zeiten vielleicht? Wollte er einfach nur eine Frau finden? Ist ihm alles nicht gelungen.

Arkadi saß da in einer Parfümwolke, bisschen Weihrauch, rote Haare bis zu den Brustwarzen, viel Spliss, dunkle Augen, Hautfarbe wie Mortadella. Annektierte mit seinem Geruch das ganze Gebäude. Er sagte kein Wort zur Begrüßung. Öffnete bloß mit starr auf mich gerichtetem Blick die Hand, da lagen zehn kleine Gegenstände drin. Von Weitem hielt ich die für Porzellansplitter oder Milchzähne. Das waren aber bloß Nahrungsergänzungsmittel. Er schluckte sie alle auf einmal. Danach kaute er drei bunte Halsbonbons und erklärte mir mit vollem Mund, dass er das Sizilienprinzip fahre, Familie für ihn wichtiger sei als Talent oder Ausbildung. Und Maria sei praktisch Familie. Und Maria hätte gesagt, dass ich für sie Familie sei, deshalb interessiere ihn auch nicht, was ich beruflich machte oder bisher gemacht hätte, er gebe mir jetzt eine Chance, eine Woche, und dann sehe man weiter.

»Wofür braucht ihr mich denn?«, fragte ich.

»Striptease«, antwortete er.

Ich erinnere mich, dass ich lachte. Dieses Lachen enthielt alle Verachtung der Welt.

Ich spielte nie mit dem Gedanken, mit diesem Mann zusammenzuarbeiten, verblieb ihm gegenüber diesbezüglich jedoch über Monate in einer indifferenten Schwebe. Ich fand irgendetwas an ihm scharf. Muss ich leider zugeben. Mein Verhalten erinnerte an das eines sabbernden, übergriffigen Filmproduzenten. Ein Arschloch, das einer potenziell fickbaren Schauspielerin eine Hauptrolle in Aussicht stellte. Ich gebe zu, dass diese Arroganz in keiner Relation zu meinem Einfluss oder meiner beruflichen Qualifikation stand, ich war Model. Aber vielleicht tut es das nie. Das ist reine Biologie.

Ich verließ sein Büro und rief Maria an. Ich fragte, was für einen Idioten sie da auf mich losgelassen habe und warum.

»Oh je«, sagte sie. Und dann fragte sie, ob Arkadi und ich gemeinsam gegessen hätten, ich sagte Ja. Eine halbe Stunde nach meiner Ankunft waren in Arkadis Büro Tapeziertische aufgeklappt und mit folkloristisch bestickten Baumwolldecken dekoriert worden, auf denen die Assistentin dann Delikatessen angerichtet hatte. Seufzend erklärte Maria mir, dass ein paar von Arkadis Leuten Sklaven seien. Provinzler aus Kamtschatka, die er illegal einwandern und dann für sich arbeiten lasse. Die russischen Spezialitäten, die ich da in mich reingeschaufelt hätte, die seien von Sklaven zubereitet worden, man könne das drehen und wenden, wie man wolle, das seien Sklaven. Und ob ich mich, unabhängig davon, auch so »verarscht« gefühlt hätte die ganze Zeit. Ich bejahte erneut.

Meine Frage, warum sie mich an ihn vermittelt habe, beantwortete Maria nicht. Konnte ich mir aber auch selbst beantworten.

Wir kommen zum nächsten Problem.

Arkadi war ein Phänomen, konnte selbst seine größten Dummheiten für Avantgardismus ausgeben. Nicht obwohl, sondern *weil* er keinen Satz zu Ende brachte. Man fragte ihn irgendwas. Zum Beispiel, wann seine Bauwerke fertig sein würden. Oder wo die überhaupt stünden. Was die durch seinen kreativen Output geretteten Kriegstraumatisierten und Waisen denn jetzt so machten. Er redete und redete, aber ohne zu antworten. Er war gut darin zu behaupten, dass jetzt endlich mal was passierte. Sein ganzes Imperium, so muss man das wohl nennen, all die ergebenen Sklaven und die Mitarbeiterinnen, das war ein sich selbst am Leben erhaltendes System. Da ging es um gute Pressearbeit. Um das Alibiargument, dass die russische Seele für Westler nur bedingt zu begreifen sei. Erinnert mich an das kleine Biotop, das ich meinem Vater mal zum Geburtstag geschenkt habe

(ein paar Monate später hat er von mir einen Badvor-
leger aus echtem Moos gekriegt, ich weiß nicht, was
in diesem Jahr mit mir los war). Dieses Biotop war
eine hermetisch verschlossene Glaskugel, innen ein
Häuflein Meeresboden und Miniaturalgen und zwei
Urzeitkrebse, die sich bis in alle Ewigkeit reproduzieren konnten. Das Einzige, was sie brauchten, war ein
bisschen Licht von draußen. Was Arkadi brauchte,
war das ins Nichts gerichtete Interesse von Politi-
kern, unbeweglichen deutschen Würmern hinter be-
druckten Kaffeetassen, die an ihren Schreibtischen
aus Furnierholz darüber entschieden, was vom Staat
mit wie viel Millionen subventioniert wurde. Auf
Arkadis Scheiß ließen sie sich nur deshalb ein, weil
da jemand so tat, als wisse er, was er wolle. Das war
wirklich sein größtes Talent. So zu tun, als hätte er
etwas Bedeutendes vor. Hätte er eine Massenvergewaltigung vorgehabt, hätten sie ihm womöglich
auch die finanziert. Die mochten den Gestus. Dieses
Strahlen einer leicht korrupten Führungspersönlich-
keit, deutsche Spießer fanden das sexy.

(Ich muss mich bremsen. Machtstrukturen sind in ge-
stalterischen Zusammenhängen unvermeidbar. Das
heißt, dass eine gewisse Monomanie in der Archi-
tektur, in der Musik, vielleicht sogar in dem Ausbau
von Versorgungsnetzen erlaubt sein sollte. Aber ich
glaube, Arkadi hat sich in der Realität irgendwann
über seinen megalomanischen Altruismus zu erheben
begonnen. Und das darf man nicht tun, das darf man
echt nicht.)

Als ich Maria wiedertraf, regnete es, die Straßen glänzten. Sie hatte Geburtstag und wollte ihn mit mir beim Japaner feiern. Nicht bei dem, bei dem wir uns das letzte Mal getroffen hatten, sondern bei einem besseren. Das Restaurant hatte verspiegelte Fenster. Die Passanten auf der Straße sahen nur die Fassade einer entkernten Bruchbude, die wirkte, als hätten Cracksüchtige sie besetzt. Innen aßen Menschen Seeteufelleber für eine halbe Monatsmiete. Das gefiel mir. Obwohl es mir andersrum besser gefallen hätte.

»Vielleicht ist Arkadi auch ein Langweiler«, sagte ich zu Maria.

»Er ist kein Langweiler«, antwortete sie. Stocherte in ihrem rohen Heilbutt herum und wiederholte den Satz so lange, bis ich nickte und ihr zustimmte. Sie hatte recht. Er war kein Langweiler. Das hieß, dass man das Schlimmste, was man über jemanden sagen konnte, über ihn nicht sagen konnte.

»Ist doch schön«, sagte ich.

Fand ich wirklich schön. Wenn jemand kein Langweiler war. Wenn jemand begriffen hatte, dass er der Welt, in die man ihn hineingeboren hatte, ein bisschen Unterhaltung schuldete.

Das hatten aufstiegswillige Russen offenbar mit meinen Vorfahren aus Niederösterreich gemeinsam. Ein zielloser Gedanke, den ich laut aussprach. Maria nickte interessiert. Ich musste an dieses Foto von meinem Opa denken. Und beschrieb es ihr dann auch direkt. Wurde Anfang der Vierzigerjahre aufgenommen, er schießt sich da den Daumen mit einer Pistole weg, um nicht an die Front zu müssen. Man sieht verschwommen die Kugel im Flug, kurz bevor sie einschlägt und das Gelenk zerfetzt. Er grinst. Ich weiß bis heute nicht, warum. Vielleicht aus Stolz. Stolz auf die Fähigkeit zur zweckorientierten Selbstzerstörung. Habe ich von ihm geerbt, glaube ich. Ich habe mich mit acht aus dem zweiten Stock gestürzt. Ich wollte mir das Bein brechen, um nicht am Sportfest meiner Schule teilnehmen zu müssen. Hat auch geklappt.

Ich sagte Maria, dass sie schöne Hände habe, hatte sie wirklich. Sie guckte sich ihre Hände an. Dann erzählte sie von ihrer Oma. Die beim Anblick von Marias Händen früher immer abfällig zu ihrer Mutter gesagt habe, dass sie daran zweifle, ob jemand mit so kleinen Händen überhaupt lebensfähig sei. Die Oma hatte immer schlechte Laune. Konnte aber gut kochen. Wenn Maria als Kind zu ihrer Oma ging, zog sich alles in ihr vor Angst zusammen. Gleichzeitig setzten Speichelproduktion und Heißhunger ein, weil das Essen immer so gut schmeckte, ein von früher Kindheit an durchlebter Widerspruch, der sie als Gesamtpersönlichkeit recht treffend zusammenfasste.

Was erzählte mir Maria noch?

Dass ihre Mutter ihrer Oma, also Marias Oma, ihrer eigenen Mutter, mein Gott, wie formuliert man so etwas denn weniger umständlich – dass Marias Mutter ihrer eigenen Mutter als Teenager mal gesagt hätte, dass sie ihre Arme hässlich finde. Ihre eigenen Arme. Sie war fünfzehn. Am nächsten Morgen lag ein Vertrag ihres Vaters auf dem Küchentisch. Marias Mutter würde von ihren Eltern erst wieder Frühstück kriegen, wenn sie ihn unterschrieben hätte. Mit der

Unterschrift verpflichtete sie sich dazu, zwei Wochen in einem Hospiz für Kriegsversehrte zu arbeiten und sich um die Leute ohne Arme zu kümmern. Marias Großvater mochte seine Tochter nicht. Oder hing zumindest nicht besonders an ihr. Hat immer arme, kranke Fremde mit nach Hause genommen und umsorgt. Erwachsene und Tiere und Kinder. Sein eigenes aber mit dem Arsch nicht angeguckt. Deshalb habe Marias Mutter ihn gehasst.

»Gehasst?«, fragte ich.

Sie sei jedenfalls »irritiert« gewesen, korrigierte Maria sich. Und fügte nach einem kurzen Hustenanfall hinzu, dass ihr Großvater auch sie nicht gemocht habe. Dass sie aber gewusst hätte, dass er sie mögen würde, wenn sie stärker wäre, und dann sei sie stärker geworden, und ihr Großvater habe gesagt: »Ich liebe dich, und ich würde dich genauso lieben, wenn du nicht meine Enkelin wärst.«

»Als mein Großvater so alt war wie du, war er einer der wichtigsten Bauingenieure der Sowjetunion. Als er fünfzehn Jahre jünger war als du, ist er zu Fuß in die Stadt gelaufen, er hat einen Monat gebraucht. Um zu arbeiten. Um Geld zu verdienen. Unter der Woche hat er seine Klamotten auf links, am Wochenende dann auf rechts getragen, jahrelang hat er gespart wie ein Irrer, um sich ein Haus leisten zu können.«

Ich war sechsundzwanzig. Ich war seit sechs Jahren verheiratet, zum dritten Mal.

»Hat er auch geschafft«, fuhr Maria fort. »Ist dann aber zwei Monate später enteignet worden.«

»Von wem denn?«

»Im weitesten Sinne von Stalin.«

Außerdem erwähnte sie zusammenhangslos, dass ihre Mutter sich eine Tochter mit »männlichem Geist« gewünscht hätte. Genau das ist sie geworden, dachte ich. Eine Tochter mit männlichem Geist. Vielleicht war das der Moment, in dem ich mich in sie verknallte. Ich verknallte mich. Ich verliebte mich nicht. Ich verliebe mich nie, der einzige Mensch, in den ich mich je verliebt habe, ist mein derzeitiger Mann.

Wir redeten über Lebensgeschichten. Nicht über unsere eigenen. Sondern über welche, die man Marias Beobachtung zufolge in Russland nicht selten hörte und die hier undenkbar seien. Zum Beispiel die, dass sich ein Intellektueller fünf Jahre lang zulaufen ließ, ins Gefängnis kam, weil er im Suff jemandem das Genick gebrochen hatte, und nach seiner Entlassung dann ein ganz normales Leben führte. »Das können nur unsere Leute«, sagte Maria. Sie bezahlte. Normalerweise bezahlte ich, wahrscheinlich, weil ich bisexuell war und sie nicht. Sie bezahlte hundertachtundsiebzig Euro für eine Morawasifischplatte und stellte fest, dass sie ihren Schlüssel verloren hatte.

Bisschen später lagen wir Hand in Hand im dunklen Flur vor ihrer Wohnungstür und sprachen über einen Kurzfilm, der Moskau falsch herum zeigte. So sah jedes der Bauwerke wie ein Raumschiff aus. Alles irre futuristisch. Dazu elektronische Variationen der sowjetischen Nationalhymne, die unmerklich in die russische überging.

Ich setzte mich aufrecht hin, sie sich auch. Zog mich zu sich heran und drückte mich so fest an sich, wie ich keine meiner männlichen Affären hätte an mich drücken können, ohne mit einer Schadensersatzklage rechnen zu müssen. Ich kriegte kaum noch Luft. Mochte das aber. Sie hatte schwarze kurze Haare, grüne Augen zu Sommersprossen. Und von der Seite ein bisschen was von Madonna zu der Zeit, in der sie den NBA-Profi Dennis Rodman gedated hatte. Lange dunkle Härchen auf den Unterarmen, wie mit einem Lineal gezogen, die sahen aus einem bestimmten Winkel wie Ritznarben aus.

Das Nächste, was mir angesoffen in ihren Armen zu Russland einfiel, war noch ein Kurzfilm. Dokumentarisch. Ein Vater filmte da sein zweijähriges Kind heimlich dabei, wie es sich zum allerersten Mal im Spiegel anguckte. Paar Minuten lang versuchte der Junge weinend, sein Spiegelbild zu verscheuchen. Danach kletterte er hinter den Spiegel, um den Eindringling, der sich dort zu befinden schien, anfassen zu können. Er lachte, heulte, schrie aus Verzweiflung, eine halbe Stunde lang. So lang dauerte es, bis er realisierte, um wen es sich bei der fremden Person in seinem Kinderzimmer handelte. Zwischendurch rief die Mutter aus der Küche. Sie fragte, was er mache. Der Junge antwortete: »Mit meinen Fröschen spielen.«

Er log, obwohl Zweijährige noch nicht lügen können. Er log, weil sich sein eigenes Spiegelbild so verboten anfühlte.

Maria erwiderte darauf nichts. Zog nur ihren Pulli aus und legte ihn mir als Kissen unter den Kopf. Wenn ich mich daran erinnere, fällt mir auf, dass die Frauen, mit denen Arkadi hätte schlafen wollen und mit denen ich dann geschlafen habe, eine Gemeinsamkeit teilten. Sixpacks. Gut definierte Körpermitte. Egal, wie der Rest aussah. Eine in horizontale Abschnitte unterteilte Fläche, über der sich die Haut so fest spannt, dass sie kurz vorm Zerreißen scheint, der Anblick killt mich, obwohl ich mich zu derart unterkomplexen Aussagen nur ungern hinreißen lasse. Maria sagte, sie freue sich auf Russland mit mir. Sie freue sich auf den Sommer, ich freute mich auch auf den Sommer, und dann pennte sie neben mir in ihrem Hausflur ein. Kurz bevor auch ich einschlief, schickte ich meinem Mann eine SMS. Darin stand, dass ich es heute nicht mehr nach Hause schaffen würde. Er solle sich keine Sorgen machen. Er ist fünfunddreißig Jahre älter als ich und somit zu einer gewissen Souveränität imstande, sobald es um Untreue geht. Ich weiß, dass es Menschen gibt, die sich in einer vergleichbaren Situation den Kopf an der Wand blutig geschlagen hätten. Er gehört nicht dazu.

Mein Mann stand mir am nächsten Tag im Flur gegenüber, in Unterhose und offener Fleecejacke, beides schwarz, bei meinem Anblick fiel ihm ein, dass er geträumt und sich diesen Traum sogar aufgeschrieben hatte. Kein richtiger Traum. Er träumte nicht wie ich oder andere Leute. Nicht in Bildern oder Szenen. Er habe mich in der Nacht zuvor kurz vorm Einpennen etwas sagen hören, so ein zwischen Realität und Schlaf aufgewirbelter Fetzen, der glasklar durch das Zimmer gehallt sei. Er hetzte zu dem Nachttisch, auf dem das Zettelchen lag. Er hatte sogar die Uhrzeit notiert. *»Ich bin in den Spiegel gefallen«,* las er vor. »Um viertel vor vier hast du zu mir gesagt: Stavros, ich bin in den Spiegel gefallen.«

Ich überprüfte, wann ich die SMS an ihn abgeschickt hatte. Sie war nie angekommen, sie steckte immer noch im Ausgang fest. Ich zeigte Stavros die SMS und die Uhrzeit. Er hatte mich den Satz genau in dem Moment sagen hören, als die Mitteilung von mir an ihn irgendwo auf halber Strecke in der Unendlichkeit versunken war. Fassungslos starrte er mich an, Mund offen.

»Wie kann denn so was passieren?«, fragte er.

»Weiß ich nicht.«

»Ist das dein Ernst? Machen wir uns jetzt keine weiteren Gedanken darüber?«

Ich zuckte die Schultern.

»Es hagelt draußen«, sagte ich.

»Es hagelt?«

»Ja.«

»Ach Gott«, sagte er. »Dann werden jetzt die ganzen Knospen zerschmettert.« Er ging wieder ins Bett. Ich in die Küche. Dort frühstückte ich ein Snickers mit Magerquark, schloss die Augen und versank in diffusen Daydreams über Ecstasy und Sonne. Durch dreckige Fenster gefilterte Strahlen, die alles in Gold tauchten. Maria stand im Türrahmen. Türrahmen kommen häufiger vor in meinen Sexfantasien, es geht da um den Abstand, glaube ich. Man kann sich in einem Türrahmen in die Augen sehen, ohne dass alles unscharf wird. Und man hat sich nicht endgültig für die Überschreitung der Schwelle entschieden.

Zurück zu Arkadi. Ich habe noch immer nicht den Faktor beschrieben, der seine Hässlichkeit attraktiv machte. Es war der Kampf, den man bei seinem Anblick wahrnahm, der Kampf eines Fünfjährigen gegen Stofftiere, die er sich lebhaft als Soldaten vorstellte. Ein aussichtsloser Kampf, der irgendwie auf etwas Weibliches hinauslief. Ich kann das nicht besser beschreiben. Sein Kampf war ähnlich aussichtslos wie meiner. Mit aller Kraft bekämpfte er Widerstände. Stieß am Ende dann aber doch an diese Glasdecke, von der in feministischen Debatten gern die Rede ist. Auf dem Weg dahin glänzt man. Was heißt, »man«. Arkadi hat da geglänzt. Er erkannte die Decke schon aus der Ferne, hielt sie aus Selbstschutz aber für Schaumstoff oder Einbildung. Und glänzte weiter, im Angesicht des unausweichlichen Scheiterns. Er glänzte heller als all die anderen, die bessere Chancen gehabt hatten als er. Strahlender Eroberer. Auf einem dieser unterschätzten Rennpferde, die als Fohlen von keinem gekauft wurden und am Ende dann einen eigenen Wikipediaeintrag hatten, er sah das Land, das ihm zustand. Und er sah es in Flammen aufgehen. Die Spiegelung dieser Flammen in seinem Gesicht, das war der Glanz, der uns alle so anmachte. Wahrscheinlich, weil wir uns darin selbst erkannten, wir waren alle am Glänzen, wie irre, aus vergleichbaren Gründen, spielten das aber nicht so exzessiv aus wie er. Das hatte etwas mit Hormonen zu tun, nehme ich an. Und ich meine das gänzlich ironiefrei. So stürmte er Nacht für Nacht durch die Stadt. Durch meine Stadt. Versuchte, sie zu besetzen. Klappte aber nicht. Unter anderem, weil man hier die Barkeeper nicht bestechen konnte. Hat er öfter mal probiert. Dem Personal einen Fuffi zugesteckt in der Annahme, schneller bedient zu werden. Die Barkeeper hier fanden das aber nicht geil oder normal, oder was weiß ich, die riefen das Ordnungsamt. Und das Ordnungsamt kam dann auch und hat diesem korrupten Russen eine Geldstrafe und Hausverbot erteilt, fand ich gut. Muss ich wirklich sagen. Ich fand das super.

Am Abend ging Maria in eine Eckkneipe. Sie spielte Dart. Sie trank neun Wodkashots, traf trotzdem bei jedem Versuch in die Mitte und teilte mir das voller Stolz per SMS mit. In einer zweiten SMS schrieb sie, dass ich ihr das letzte Nacht prophezeit hätte. Ich erinnerte mich dunkel, etwas Entsprechendes zusammengestammelt zu haben. Man treffe nur dann, wenn man nicht ziele. Oder aufgrund systematischer Intoxikation nicht mehr in der Lage sei zu zielen.

Am nächsten Morgen besuchte sie mich im Garten. Sie lernte meinen Mann kennen. Er lief mit einer Mülltüte an uns vorbei und hielt inne, um sich beiläufig vorzustellen, checkte augenblicklich alles, sah von ihr zu mir und automatisch schien sich in seinem Kopf irgendein Softporno zu verselbstständigen. Der Blick, den er mir zuwarf, signalisierte Verhandlungsbereitschaft. Ich starrte an ihm vorbei. Ich verhielt mich nicht unbedingt solide. Typische Mischung aus gereizt und devot, zurückgeworfen auf Triebe, die stärker wurden, je heftiger ich sie zu unterdrücken versuchte, dafür hasste ich dann stellvertretend für mich selbst immer lieber ihn, ihm ging das in vergleichbaren Situationen ähnlich.

Er haute ab. Zu irgendeiner Besprechung oder zum Tennis oder Einkaufen. Maria sah ihm hinterher. Abfällig. Diese Abfälligkeit gefiel mir natürlich. Dann küsste sie mich, ich weiß nicht mehr, ob mit Zunge oder ohne, und sagte, dass sie nach Prag müsse, sie hätte dort beruflich zu tun.

*

Ich ging in ein Museum für expressionistische Kunst. Ich wollte ein Bild abfotografieren. Seit dem Zungenkuss im Puff musste ich ständig daran denken. Zwei Häuser im Nichts, die auf gegenüberliegenden Seiten eines Abgrunds standen und durch eine Brücke miteinander verbunden waren. Irgendein Gebirge, ich wusste nicht, was für eins, auf jeden Fall Deutschland, Kreidebruch auf Rügen oder so. Ich betrachtete es eine Weile, machte das Foto, dann lief ich an Bildern von nackten Mädchen vorbei zurück zum Ausgang. Nackte Mädchen, die lesend im Bett lagen.

Maria rief an. Ich ging nicht ran.

Zu Hause im Kühlschrank fand ich etwas, das zwanzig Zentimeter lang und in Folie eingewickelt war. Beim

Auspacken sickerte ein bisschen Blut zwischen den Aluminiumschichten hervor. Ich hielt das für einen Kadaver, für ein totes Tier, das aus irgendwelchen Gründen konserviert werden musste. War aber nur ein Stück Rind aus dem Engadin. Mein Mann kam in die Küche, sagte, dass Lacan gesagt hätte, die Liebe sei ein in der Sonne lachender Kieselstein, ich antwortete: »Hä?«, und sah Maria vor mir. Dann mich selbst von außen. Küchentisch. Mantraartig den Satz wiederholend, dass man das, was man unter Menschsein verstehe, im Grunde aufgeben müsse, irgendein buddhistischer oder protestantischer Scheiß von wegen Begehren sei nur Einbildung und so weiter. Vielleicht stimmte das. Vielleicht auch nicht.

Mein Mann wollte am Wochenende beruflich von Frankfurt über Mailand nach Bergamo, Zürich und München fliegen. Als ich ihn fragte, was er in Zürich zu tun habe, dachte er kurz nach und sagte: »Gar nichts.« Er hatte den Flug nach Zürich versehentlich gebucht. Ich verdrehte die Augen. In dem Moment kam eine SMS von Maria. Sie schrieb, dass sie durch Prag laufe und der Mond Spitzen hätte. Ich wusste nicht, was sie damit meinte. Bis ich zum Fenster ging und mir den Mond anguckte. Der war so eine Sichel. Ein sichelförmiges Messer. Zweischneidige Klinge mit spitzen Enden aus Stahl. Ich antwortete nicht. Ich konnte die ganze Nacht nicht schlafen. Beim Frühstück lag der erste geschälte Apfel vor mir, den ich seit meiner Vorschulzeit zu Gesicht gekriegt hatte. Mein Mann sah mich mitleidig an. Er wusste, dass ich mich fühlte, als läge ich gefesselt unter einer Termitenhorde.

Er sagte, er glaube, dass es keine Wahrheit gebe. Und ich hatte passenderweise etwas Ähnliches in einem Buch von D. H. Lawrence gelesen in meiner schlaflosen Nacht; dass die Wahrheit ein Erzeugnis des Todes sei.

»Der abstrakteste aller bösen Geister.«

»Willst du noch Toast?«

»Lieber kein Brot als kein Leben«, antwortete ich. Dabei hielt ich mir den Handrücken an die Stirn und gab vor, ohnmächtig vom Stuhl zu sinken, machte ich öfter, er lachte dann immer. Als er so alt war wie ich, studierte er Philosophie. Jetzt war er Chef eines Basketballteams. Aktien, Infinity Pool, junge intellektuelle Ehefrau, Anzug von Savile Row. Dezenter Jaguar und eine Rudermaschine auf dem Dachboden, wir liebten uns, zumindest betonten wir das bei jeder sich bietenden Gelegenheit. Auf meine Frage, was er von Maria hielt, sagte er: »Wie heißt das noch mal? Lidschatten?«

»Was meinst du?«

»Das Dunkle unter den Augen?«

»Meinst du Augenringe?«

»Nein. Heißt das Concealer?«

»Eyeliner? Kajal?«

»Ja, Eyeliner. Dieses Blaue, was sie im Gesicht hatte.« Er dachte nach, fieberhaft, saß gedankenversunken auf der Stuhlkante, als ginge es um den Gottesbeweis. »Warum macht man das?«, fragte er dann.

»Sich schminken? Routine. Wie Socken anziehen«, sagte ich.

»Und macht man das dann für die ganze Woche?«

Danach verglich er Arkadi mit einem müden Dachs. Irgendwo waren die beiden sich mal begegnet, ich habe vergessen, wo, vermutlich in einer halb legalen Zigarrenbar in Moskau, in der sie zufällig mit denselben arabischen Scheichs unterschiedliche Angelegenheiten verhandelt hatten.

Ich sagte: »Bisschen Vergewaltiger auch, oder?«

Mein Mann daraufhin: »Nee. Eher Dachs.«

*

Ich bezweifle, dass Arkadi Maria vermisste, und denke eher, dass er sie sich nach der verpfuschten Nacht in seinem Hotel endgültig abgewöhnt hatte, die Liebe war trotzdem noch da, man konnte sie bei jeder Begegnung mit ihm als Dunstschicht über der gesamten Stadt liegen spüren, flirrender Nebel, als wäre sein Begehren nur noch ein aus der Hirnrinde gekratzter, träge vor sich hin sickender Brei, der sich ausbreitete und die Umgebung verklebte. Um keinen zu großen Schaden anzurichten, brauchte dieser Brei ein Gefäß. Und zwar dringend. Ich sah Arkadi in den folgenden Wochen allein auf seinen Partys sitzen, er war das Gegenteil von drahtig, seine Konsistenz vergleichbar mit der von einem Pilz. Plötzlich sah man, dass er zu den Menschen gehörte, die schon aufgeschwemmt zur Welt gekommen waren. Man sah die fünftausend Euro, die jemand wie er investieren musste, um ein halbes Kilo Muskelmasse zuzulegen. Und man sah dieses Geld in einem Feuersturm unkontrollierter Völlerei verbrennen. Bei einem seiner vielen ziellos veranstalteten

Abendessen sah ich ihn am Kopfende der Tafel sitzen, ich sah die dreihundert Kerzenständer zwischen uns, die überfüllten Servierteller, Blinis, Schnitzel, Wodka, ich sah rotes Wachs in Fleischberge tropfen. Er blickte auf und mich an, drei Sekunden lang, klopfte dann mit zwei Fingern auf die Tasche seines Hemds. Ich nickte, er nickte auch. Stand auf und ging Richtung Behindertenklo. Während ich ihm folgte, stellte ich ihn mir als Sechsjährigen mit Brille vor, der am Kronleuchter durch die Rauchschwaden regimekritischer Erwachsener schwingt. Sotschi. Kurz vor dem Fall der Mauer.

Man wusste nie genau, was gefeiert wurde. Der abgeschlossene Bau eines Hochhauses oder einer Schule, von der niemand ahnte, wo sie stand, wer sie besuchte und ob sie tatsächlich existierte. Es wurde nicht darüber gesprochen. Nie.

Die Atmosphäre bei diesen Abendessen hatte was von der Stimmung an einem Filmset, das Filmset eines historischen Kriegsepos, auf dem gerade die große Szene im Ballsaal vor Renaissancemöbeln aus Pappe und Kaviarbergen gedreht wurde, das war aber kein Kaviar, das waren hübsch ausgeleuchtete Kürbiskerne. War man besoffen genug, kam einem das wie Hollywood vor. Nüchtern betrachtet eher wie eine Produktion von Studenten aus Ludwigsburg. Alles schien darauf getrimmt zu sein, erst und nur im Vollsuff seine volle Wirkung zu entfalten.

Wir versammelten uns zu zehnt auf dem Behindertenklo des Restaurants. Unter uns ein Journalist, Mischung aus Serienkiller und Maulwurf, der machte Fotos davon, wie Arkadi das Kokain auf der Fensterbank mit meiner Krankenkassenkarte zurechthackte. Er hatte richtig rote Wangen. Wie ein Dreijähriger vor dem Weihnachtsbaum. Das beunruhigte mich. Was mir Sorgen bereitete, war nicht die potenzielle journalistische Indiskretion, sondern die gesamte westliche Welt. Eine Welt, in der jemand offenbar nur deshalb Journalist wurde, um am Höhepunkt seiner Karriere mit korrupten Sexisten Drogen nehmen zu können. Sonst nur Frauen. Oder fast nur Frauen. Ich sah mich um und dachte an einen Film von Scorsese, der drehte ja ab und zu Szenen, in denen man im Hintergrund eine Horde Nutten von links nach rechts durch die Unschärfe laufen sah, als Deko, so ungefähr. Bei den Nutten in den Mafiafilmen hatten allerdings noch Strings mit Schlangenprint und ein bisschen Bauchmuskeltraining und die klipp und klar durch einen Mittelsmann vereinbarte Bereitschaft gereicht, sich vögeln zu lassen und die Fresse zu halten. Inzwischen mussten Nutten verschiedensten weiteren Anforderungen gerecht werden. Diese Frauen hier, das waren Nutten. Nutten, die nach ihrer Dissertation drei Wochen lang nur Reis vom Discounter aßen, um ihr erstes Monatsgehalt für Chiffonblusen und androgyne Jacketts aus Skandinavien ausgeben zu können. Nutten, die wichtige Positionen bekleideten, Nutten, die sich als Gleichstellungsbeauftragte einstellen ließen.

Und dann eben Drogen. Für jedes Gramm, das jede von uns je genommen hatte, war mindestens ein me-

xikanischer Teenager erschossen worden. Paar Sekunden lang liefen vor mir, wie auf einem Splitscreen,
im Schnelldurchlauf die brutalsten Szenen der Ge-
genwart ab, ölverklebte Robben, vergewaltigte Kinder, Kinder, die gesteinigt wurden, weil sie sich hatten
vergewaltigen lassen, willkürliche Kriegserklärungen,
auf die irgendwelche laktoseintoleranten Mountain-
biker lächelnd mit Champagner anstießen. Jedes Vo-
gelgezwitscher nur noch die Verkündigung, dass es
bald nie mehr zu hören sein würde, jedes Lächeln ein
Zähnefletschen. Entwickelte man ein Bewusstsein für
den Schaden, den man mit der blind imitierten De-
kadenz anrichtete, oder sagen wir besser: Mit dem,
was dreißig Jahre früher mal dekadent gewesen und
jetzt nur noch eine Verfallserscheinung war, war das
noch lange kein Anlass dafür, die Scheiße sein zu lassen. Man ging nicht nach Hause, man gründete keine
Partei. Im Gegenteil. Mit schlechtem Gewissen nahm
man doppelt so viel Kokain wie ohne schlechtes Gewissen. Mich erinnerte dieses Verhalten immer an
das von Leuten, die wegen Übergewicht verlassen
worden waren und beim Gedanken daran sofort zwei
Snickers in sich reinstopfen mussten, ehrlich gesagt
freute mich das fast, es war der Beweis dafür, dass
Menschen anders funktionierten als Computer.

Wir beugten uns über die Lines. Dabei sahen wir
alle gleich aus. Jede von uns so, als würde sie gerade
ein trauriges Buch aus dem Regal ziehen.

Ich habe vorhin behauptet, ich würde kein Kokain
nehmen. Das stimmt auch. Aber es gibt Ausnahmen.

Ich weiß nicht, worum es mir bei diesen Ausnahmen geht. Wahrscheinlich darum, mir beim Formulieren einer allumfassenden Welterklärung zuzuhören.

Fünf Minuten Kinderkanal waren gehaltvoller als die stundenlangen Offenbarungen, die nun folgten. Jemand redete darüber, dass er auf Ecstasy immer ins Bett pisse. Ein anderer erzählte, dass sich sein tasmanisches Känguru den Beckenboden gebrochen habe. Ich war umringt von Menschen, die ständig das Wort »Seele« benutzten, in deren Augen praktisch alles eine zu erwähnende Seele hatte und für die der Ausdruck als Lückenfüller funktionierte. Sobald man irgendeine Ausführung nicht vervollständigt kriegte, kam was mit Seele.

Wenn mich die Monologe der anderen zum Schweigen zwangen, stieg in meinem Kopf immer etwas Schaumbadartiges hoch, vom Kinn zum Scheitel, eine Unendlichkeit, die mich eine Sekunde lang das gesamte Universum in mir spüren ließ, bevor ich in der nächsten Sekunde in dessen kleinste Teilchen zerfiel. Dann war aber immer noch nichts passiert. Wirklich so gar nichts. Und deshalb »legte man nach«, so heißt das, glaube ich. Dieses Mal ohne den Journalisten, der hatte am Dessertbuffet randaliert und saß jetzt im Taxi. Es lief Madonna. Irgendeine Transe stand in Flammen, weil sie besoffen in den Kerzenständer gefallen war, es gab Langweiligeres.

Dass ich so ausführlich über die Wirkung, die Kokain bei mir auslöst, berichte, hat einen Grund. Oder zwei. Der erste besteht darin, dass die Diffusion, in der Arkadi seine Unternehmungen verschleierte oder nie zu Ende brachte, praktisch als große Metapher für das stand, was diese Droge im Inneren eines einzelnen Menschen verursachte. Den zweiten Grund habe ich gerade vergessen. Aber er fällt mir sicher später ein. Jede menschliche Seele setzt sich aus zwei entgegengesetzt funktionierenden Extremen zusammen: das gesamte Universum und dessen kleinster Partikel. Diese streiten miteinander, durchgängig, immer mit dem Ziel eines Kompromisses, der unsere Impulse verwaltet und den Unterschied zwischen Mensch und Wildschwein definiert. Auf Kokain beginnen sie, einander zu zerfleischen. Und ab einem gewissen Zeitpunkt hören die damit auch nicht mehr auf. Diese Zerfleischung ersetzt das, was vorher vielleicht mal eine Persönlichkeit war, diese Zerfleischung ersetzt praktisch alles, was man jenseits von Schmerz und Stillstand zu spüren imstande war. Und um den Schmerz auszuschalten, halfen nur die Besatzung und Zerstörung von allem, was außerhalb des eigenen Körpers lag. Alles an der Situation, in der ich mich in dieser Nacht befand, war falsch. Ich spürte das. Es war falsch.

Am Himmel waren keine Sterne. Ich wollte gerade gehen. Aber ich sah Arkadi ein paar Meter entfernt die Luft anhalten. Das tat er selten. Ich beschloss zu bleiben. Er hatte sein Gespräch unterbrochen und glotzte Richtung Eingang. Das musste mit einer Frau zusammenhängen. Tat es auch. Diesmal mit einer, die verheiratet war und drei Kinder hatte.

*

Nach außen ist mein Bewusstsein eine glatte Stahlfläche, monochrom und undurchlässig, die man nur mit Hammer und Meißel zum Zersplittern bringen könnte. Doch darunter liegt ein Gewimmel aus herausgesprungenen Sicherungen und Nervenenden, in dem ein Kurzschluss nach dem anderen produziert wird. Kleine, vor Überspannung zitternde Kabel, die Anschluss suchen und nach jeder Fehlschaltung noch verkohlter sind als zuvor. Manchmal gelingt es mir mit aller Kraft, aus diesen Fehlschaltungen eine nachvollziehbare Geschichte zu machen.

Die Erinnerungen an die Nacht, in der Arkadi und ich Dörte kennengelernt haben, bestehen jedoch nur aus Fetzen. Die können nicht logisch zusammengesetzt werden. Wir standen da unter Strom, oder eher unter Druck, alle drei, wie so Dampfkochtöpfe. Haben zum Liebestod von Wagner geknutscht, nacheinander hinter die Restmülltonne gepisst und Zigarren auf dem Synthetikteppich in Arkadis Büro ausgedrückt. Einer der Fetzen beginnt damit, wie ich die beiden zwischen Dönerbude und Stripclub frage, ob sie ans Jenseits glauben.

»Glaubt ihr eigentlich ans Jenseits?«

Das Wort eigentlich benutze ich nur im Vollrausch. Nüchtern hasse ich es. Dörte nickte, Arkadi nickte auch. Beide gleichzeitig. Sein Akzent kam mir stärker vor als sonst, er setzte zu einem ausführlichen Monolog über Kumpels an, die im Jugoslawienkrieg schwangere Frauen getötet hätten und in deren Gesichtern man seitdem das Jenseits sehe. Blabla.

Dann erinnere ich mich noch an eine Taxifahrt zu dritt. Ich in der Mitte der Rückbank. Dörte stieg aus, ich nahm in letzter Sekunde ihre Hand, sie zog mich mit sich. Arkadi fuhr weiter. Ich erinnere mich nicht mehr an seinen Gesichtsausdruck.

Sie hatte zwei Söhne und eine Tochter. Sie war Ende dreißig. Sie sah aus, als hätten Hannah Arendt und ein Gangsterboss ein geschlechterverwirrtes Kind gezeugt, Mischung aus David Bowie und irgendeiner französischen kriminellen Elfe. Elfe ist falsch. Eher sexy Babytiger, der in seiner Freizeit gerne kickboxte – maximal scharf. Ich folgte ihr in ihre Wohnung. Die Wohnung war fast leer. Brokattapete, Futon auf dem Boden. Der Mieter, den sie gerade rausgeworfen hatte, war Tennisprofi. Mit ihrer Familie lebte sie in einer schnörkellosen Stadtvilla, Deckenstrahler zur zeitgenössischen Interpretation des Landhausstils. Diese Wohnung hier war der einzige Ort, der ihr allein gehörte, allerdings nicht besonders oft. Immer nur dann, wenn der alte Mieter weg und der neue noch nicht eingezogen war.
Ich erinnere mich, wie ich sie anfasste. Sie wehrte sich. Dann fasste sie mich an, küsste mich, schmiss mich auf ihre Matratze, ich hörte sie atmen, sie drückte mich weg. Ich saß auf ihr. Hielt ihre Oberarme fest. Der Fachbegriff für das, was ich da gemacht habe, lautet Bizepskontrolle. Sie war zehn Zentimeter größer und zwanzig Kilo schwerer als ich. Trotzdem hatte sie keine Möglichkeit, sich zu befreien. Ich sah auf sie runter und ihren Pony an der verschwitzten Stirn kle-

ben, sie sagte Nein, aber ich ließ nicht los. Wir müssen hier nicht ins Detail gehen. Ich war kurz davor, sie zu vergewaltigen. Ich habe das gelassen. Ich weiß nicht, ob aus Erschöpfung oder Vernunft oder weil sie sich in letzter Sekunde doch befreien konnte. Ich weiß es nicht. Immer noch nicht. Die Frage, ob ich in diesem Moment zu einer Vergewaltigung fähig gewesen wäre, treibt mich bis heute regelmäßig fast in die Klapse. Ein paar Stunden später wurde ich davon wach, dass die Sonne ins Zimmer knallte, Dörte kochte Filterkaffee ohne Unterhose und erzählte, wie ihr Vater sie und ihre Geschwister vor dreißig Jahren auf einen Kleider-schrank gesetzt hatte.

Jedes Mal, wenn sie Staub sah, musste sie daran den-ken. Ihr Vater hatte die Kinder auf den Kleiderschrank gesetzt, um in Ruhe das Ehebett mit einer Kettensäge zerlegen zu können.

Ihre Eltern kannten sich aus der Schule. Die Hoch-zeitsreise ging nach Kabul. Da sind sie am Strand von zehn Männern überfallen worden. Der Vater hat mit Knarre am Kinn bei der Gruppenvergewaltigung sei-ner Frau zugeguckt. Und am Ende führten sie in einem vom Militär kontrollierten Dorf so eine Art Prozess gegen drei der Typen, die sie identifizieren konnten, denen drohte dann aber die Hinrichtung, deshalb lie-ßen sie die Anschuldigungen wieder fallen. Zurück in Deutschland dann versuchter Doppelselbstmord mit Tabletten. Sie sind im Krankenhaus aufgewacht. Ha-ben beschlossen, Kinder zu kriegen. Eins dieser Kin-der war sie.

Es klingelte. Wir erschreckten uns. Sie ging auf Zehenspitzen zur Wohnungstür. Davor stand ein verschwitzter Fahrradkurier, er ließ sie den Erhalt eines kleinen, in Pressluftfolie gewickelten Quaders unterschreiben. Sie kam zu mir, wieder auf Zehenspitzen, setzte sich im Schneidersitz auf den Boden und fing an, den Gegenstand auszuwickeln.

Es war ein Schmuckkästchen. Sie öffnete es und holte einen Ring raus, der aus drei ineinander verschlungenen Ringen bestand. Gold in verschiedenen Farben: Rosa, Weiß und Gelb. Freundschaft, Liebe, Treue. Der Trinityring von Cartier. Wir schätzten, wie viel er wert war. Danach googelten wir es. Die Summe stimmte mit der überein, die ich für meinen gebrauchten, zugegebenermaßen sehr gebrauchten BMW ausgegeben hatte, ich lag also mit meiner Schätzung richtig. Dörte gähnte. Ich auch. Dann rief sie Arkadi an, um sich bei ihm zu bedanken.

*

Als ich zwei Tage später zerschlagen nach Hause kam, lag auf dem Küchentisch ein Zeitungsartikel über Arkadi. Das Haus war stockdunkel. Ich holte Reste eines Algensalats aus dem Tiefkühler, ließ die Tür offen und begann, im Schein der Kühlschranklampe zu lesen.

Sein Vermögen wurde auf anderthalb Milliarden geschätzt. Ich überschlug die Ausgaben für Taxifahrten, Verpflegung, Drogen und Hotelzimmer, teilte sie durch drei und errechnete, dass ungefähr tausendzweihundertfünfzig Euro davon in den letzten beiden Nächten für mich draufgegangen waren. Die doppelte Summe für Dörte. Auf dem Foto sah er eher nach Kalifornien als nach Russland aus, er trug ein Sweatshirt unter einem Sakko, mildes Lächeln, im Nacken zusammengebundene Haare, er wirkte, als hätte ihn eine teuer bezahlte Agentur vom korrupten Fachidioten Richtung Philanthrop umgestaltet. Das Wort kam auch mehrmals in seinem Wikipediaeintrag vor. Philanthrop. Keine Ahnung, wie viel ihn das gekostet hatte. Er wurde als Stahlmagnat bezeichnet. Er hatte Geschäfte mit Weizen, Ölsaaten, Luxusmode, Süßungsmitteln und Computerteilen gemacht, war irgendwann mal mit einer Tonne Kokain erwischt worden und hatte durch Bestechung und Urkundenfälschung ein Stück Land am Genfer See bebaut. Der Artikel klang weniger kritisch als bewundernd. Darunter stand der Name des Journalisten, der im Kokainrausch mit Biskuitdessert um sich geworfen hatte, objektiver Journalismus sehe anders aus, sagte mein Mann, als er am nächsten Morgen aus Sarajevo nach Hause kam. Ich fragte ihn, was schlimmer sei. Ein russischer Unternehmer, der angeblich zum richtigen Zeitpunkt das richtige Gespür gehabt hatte, für was auch immer, und sein Geld jetzt kompromisslos für die Verständigung zwischen Ost und West zur Verfügung stellte. Oder die Konzerne Nestlé, Monsanto, Cargill, die Kinder arbeiten lassen, ihren Dreck ins Meer schütten und am Ende dann ein bisschen Kunst fördern. Ich stellte ihm diese Frage, während er mit nackten Beinen durch den Flur von einem Zimmer ins andere hetzte, offenbar suchte er nach seiner Jogginghose. Nestlé beute Länder aus, sagte er keuchend, schaffe aber immerhin Arbeitsplätze. Und dass das ein Unternehmen sei, das nach dem Checks-and-Balances-System funktioniere, und man es deshalb zumindest ein Stück weit durchschauen könne, zumindest genug, um zu wissen, wie brutal es vorgehe.

Er blieb in der Mitte des Wohnzimmers stehen. »Du guckst immer dahin, wo ich hingucke, weil du denkst, da wäre irgendwas«, sagte er zu mir. »Da ist aber nichts. Ich denke nur nach.«

Danach setzte er sich auf den Sessel, der näher an der Terrassentür stand als der andere. Erzählte plötzlich von einem elitären Meditationsseminar in England. Auf dem sei er mal einem anderen Oligarchen dieser Größenordnung begegnet. Der hatte mehrere Milliarden in den Ausbau des russischen Bahnnetzes gesteckt. Das Bahnnetz ist aber nur um 0,03 Prozent erweitert worden, und ausschließlich auf der Krim. Dieser Typ hing jetzt offenbar viel in London ab, machte Yoga, trank grünen Tee und hatte lauter krude Stiftungen gegründet. Mein Mann zählte ein paar Argumente gegen meine Präsenz im Dunstkreis vergleichbarer Arschlöcher auf, die meisten habe ich vergessen. Aber ich musste ihm zustimmen, niemand wusste, woher genau Arkadi seine Kohle hatte, ob da Blut dran klebte oder Gehirnmasse oder nicht, und das war ein Problem. Er würde häufiger mit Kollegen die Frage diskutieren, ob es Milliardäre gebe, die gute Menschen geblieben seien. Und er antworte denen jedes Mal, dass jeder Milliardär, auf dessen Wikipediaseite das Wort »Philanthrop« vorkomme, ein paar Jahre zuvor halb Usbekistan habe verschachern müssen, um sich das überhaupt leisten zu können. Das klang ein bisschen verschwörungstheoretisch. Sagte ich ihm auch. Aber er reagierte nicht. Sein Hemd hing zerknittert an der Türklinke. Das Haus war voller kleiner orangenfarbener Zylinder, weil er eine Stange zu schwacher Kippen aus Sarajevo mitgebracht hatte und ich immer die Filter abschnitt. Zeitungsseiten auf Türmen von dreckigen Tassen. Kaffeefleck auf dem Teppich. Kickboxen im Flachbildfernseher. Er räumte telefonierend den Küchentisch ab. Nahm etwas aus der Spülmaschine. Er sei kein Freund gestalterischer Töpferkunst, wirklich nicht. Das hatte er immer wieder betont, jetzt wieder, nachdem er das Telefonat beendet und die Müslischale von Hedwig Bollhagen schlecht gespült ins Regal zurückgestellt hatte. Aber diese handbemalte Schale war ihm wichtig. Die sah aus, wie Schalen in guten Bilderbüchern aussahen. Wie der Servierteller auf dem Küchenschrank. Den hatte eine verarmte Freundin von mir aus London mit einem Rebhuhn bemalt. Alte Dame, die nicht mehr lebte. Von dieser Dame war auch die Miesmuschel im Flur. Ich schweife ab. Oder nicht.

Ich sah mir das Rebhuhn auf dem Teller an. Die Augen, die Krallen, den akribisch abgemalten hufeisenförmigen Fleck auf dem Bauch. Bei diesem Anblick kam mir alles, was Arkadi zu leisten vorgab, nur noch schwammig vor. Das, was dieser Mensch da veranstaltete, war ein unpräziser Amoklauf. Nicht mehr. Und nicht weniger.

Wäre ich konsequent gewesen, hätte ich an diesem Punkt alles hingeschmissen. Ich hätte in einer Manufaktur angeheuert und den Rest meiner Tage damit verbracht, Zwiebelmustern und Wellenspielreliefs in Porzellanbrennöfen beim Trocknen zuzusehen. Stattdessen machte ich Sit-ups und rief Maria an. Sie war jetzt nicht mehr in Prag, sondern in der Ukraine. Manchmal müsse sie kotzen, sagte sie, sie wisse aber nicht, warum. Ansonsten gehe es ihr gut. Sie erzählte, dass ihr Auto vor einer Kirche stehen geblieben sei und ein Pastor im Nachtkleid irgendeine wichtige Schraube gefunden hätte. Danach übergangslos, wie sie als Sechzehnjährige allein zum Studieren nach Deutschland gekommen sei und sich so allein gefühlt habe, dass sie stundenlang depressiv, wie ein krankes Pony, im Kreis durch ihr Zimmer im Wohnheim gelaufen sei. Sie erinnerte sich an den platt getretenen Teppich. Und an eine Art angstvolle Apathie. Und daran, wie sie sich zwingen musste, weiterzuatmen. Und dass Spaghettieis geholfen hat, immer. Ich hielt den Gartenschlauch auf den Rosenstock, dachte an Dörte und an meine Arbeit, die ich wegen der ganzen Besäufnisse mit ihr hatte schleifen lassen. Deshalb hörte ich nicht richtig zu. Vielleicht sollte ich langsam mal erwähnen, was ich beruflich mache. Vielleicht auch nicht. Vielleicht habe ich das sogar schon erwähnt. Dabei hatte ich das vermeiden wollen.

Ich habe keine Ahnung, warum mir Menschen kontinuierlich und nahezu ungefiltert ihr Innerstes offenbaren. Hängt vielleicht damit zusammen, dass ich besser zuhören kann als andere.

Ich legte auf und schrieb einen Text. Man könnte diesen Text als Kurzgeschichte bezeichnen. In dem Text ging es um jemanden, der einen Block aus Crushed Ice mit dem Ellbogen zerschlägt und sich dabei den Arm bricht.

Danach buchte ich den Flug nach Russland. Ich würde nach Wolgograd fliegen, Maria am Flughafen treffen, zusammen mit ihr mit dem Taxi nach Krasnoslobodsk fahren. Ich glaube, ich hatte Angst. Ich ließ Passfotos für das Visum machen. Auf den Bildern sah mein linkes Auge kleiner aus als das rechte. Mich beunruhigte das, es musste sich dabei um einen Hinweis auf meinen bevorstehenden Tod handeln. In den folgenden Tagen sah ich in der Fußgängerzone keine Menschen mehr, nur noch Augen, die größer oder kleiner waren als das andere. Ich hielt Espressoreste auf meiner Zunge für Krebs. Dreck am Arm für Hepatitis. Und dachte tagelang, unser Wasserkocher wäre kaputt. Dabei ging der noch. Kaputt war nur das kleine Lämpchen, das hätte leuchten müssen, wenn man ihn einschaltete.

*

Sechsunddreißig Stunden vor dem Abflug lag ich nackt auf Dörtes Futon. Sie trug einen Stringbody aus Leder, der ein bisschen zerschlissen wirkte und so dünn war, dass man ihn für Latex hielt, Haare im Gesicht, ich hörte ihr kettenrauchend zu, seit Stunden in derselben Position auf ihrem Bett, zuerst schlief mein linkes Bein ein, dann das rechte. Sie sprach über den verstopften Tränenkanal ihrer Tochter und zählte danach die Geschenke auf, die sie seit dem Cartierring von Arkadi gekriegt hatte. Die Unterwäsche, die sie trug. Ein Flug nach Brüssel, of all places. Tickets für das Konzert einer Band in Paris, die ich scheiße fand. Er kannte sich nicht mit Musik aus. Deshalb hörte er auch immer nur Wagner. Jedenfalls hatte Dörte nichts mit ihm angefangen. Das war gut. Hing jedoch weniger damit zusammen, dass sie ihn nicht wollte. Sie wollte ihn schon irgendwie. Bisschen. Aber sie hatte einfach ungern Sex. Konnte ich nachvollziehen.

Sie redete über Notoperationen. Über Unfälle. Über Stoßstangen, die Luftröhren zerquetschten. Über ihren Vater, dem sechsunddreißig Stunden lang von Chefärzten aus aller Welt die Schädeldecke auseinandergenommen und wieder zusammengesetzt worden war. Mir wurde schlecht. Sie erzählte, dass sie Krebs riechen könne. Dass ihr beim Empfang des Bundespräsidenten letztes Jahr zwischen hundertfünfzig Gästen ein Mann aufgefallen sei und sie nicht habe aufhören können, ihn anzustarren. Und dass der sich nach zehn Minuten ans Herz gefasst habe, aufgestanden sei, um sich ein Glas Wasser zu holen, und dann zusammengebrochen sei, Herzinfarkt.

Sie sagte, dass jeder, für den sie je was gekocht habe, nach dem Essen verliebt in sie gewesen sei. Sie sei eine Hexe. Und wenn nicht eine Hexe, dann zumindest eine der sechsunddreißig Gerechten. Von denen sprach sie auch. Davon, dass es stets sechsunddreißig Gerechte gebe, um derentwillen Gott die Welt, trotz ihrer Sündhaftigkeit, nicht untergehen lasse.

Inzwischen war ich siebenundzwanzig. Ich hatte letzte Woche Geburtstag gehabt und ihn vergessen. Zehn Jahre vor ihrem Tod wolle sie in die Karibik ziehen und heroinsüchtig werden. Sie erzählte, dass sie in ihrer nymphomanen Phase vor dem Sex immer eine Überdosis Relaxan genommen habe, zur Entspannung der Muskeln, und deshalb mehrfach in der Notaufnahme fast gestorben sei. Irgendwann ging ich aufs Klo, weil ich kotzen musste. Die Geschichten griffen meine Organe an. Danach legte sich Dörte auf mich. Ich war zu bekifft, um zu checken, wo ihre Hand war, aber ihr Mund war an meinem Hals, ihre Zunge lag zehn Minuten lang unbeweglich an meiner Schlagader wie eine kleine Schlange, die meinen Puls abzudrücken versuchte. Sie bewegte sich nicht, keinen Zentimeter. Als ich mitten in der Nacht aufwachte, neben ihr auf dem Futon, schwitzte und zitterte ich, das war ein Zustand, den ich rückblickend als negativen, mystischen Rausch bezeichnen würde und der mich im Dunkeln meine Klamotten zusammensuchen ließ. Ich musste mir in den Handrücken beißen und die Luft anhalten, um nicht laut zu schluchzen, mein Herz knallte durch, ich wusste nicht, warum, ich empfand eine gegenstandslose Panik. Ich weiß auch nicht, warum ich nicht einfach nach Hause fuhr. Ich stand frierend auf der Straße, rutschte mit dem Rücken an der Hausfassade runter auf den Boden, Mischung aus Schützengraben und schlechtem Fernsehfilm. Ich schrieb Arkadi eine SMS. Seine Antwort kam zehn Minuten später, da hatte ich mich bereits zur nächsten Straßenecke geschleppt. Er lud mich in sein Hotel ein. Keine Ahnung, wie ich die Strecke zu diesem Hotel zurückgelegt habe. Ich tippe auf Taxi. Wenn ich die gegoogelten Überreste, die ich am nächsten Tag auf meinem iPhone fand, richtig interpretiere, habe ich auf der Fahrt im Halbschlaf krankhaft ein Gemälde angestarrt. Vier geöffnete Tabs mit dem gleichen Bild in verschiedenen Auflösungen, ein Bild, das ich vor Jahren bei einer Auktion gesehen hatte und das von Dörte aus meinem Unterbewusstsein heraufbeschworen worden war.

Es war ein Gemälde, auf dem man Judith und Holofernes sah. Das Bild zeigte die beiden, kurz bevor Judith Holofernes mit seinem Schwert den Kopf abschlug, nach vollzogenem Liebesakt, um ihr Volk zu retten. Judith war der Prototyp der magisch-dämonischen Frau, die mit dem Feind schlief und ihn danach umbringen musste, weil diese schändliche Sehnsucht ihre Autonomie zu zerstören drohte. Sie rannte mit Holofernes' Kopf nach Hause, wurde als Retterin Israels gefeiert und ihre Skulptur Jahrhunderte später, als Symbol für eine befreite Gesellschaft, am Eingang irgendeiner wichtigen Kathedrale in Florenz aufgestellt. Der Schwache besiegte den Starken. Sie stand da aber bloß neun Jahre lang. Danach wurde sie gegen Michelangelos David ausgetauscht, diese Monumentalstatue, die im Gegensatz zu Judith natürlich jede Sau kennt.

Das Anstößige an Judiths Geschichte war nicht ihre Bluttat, sondern ihr Geschlecht. Eine Frau, die einen Mann tötete, konnte als Leitfigur nicht funktionieren.

David hatte einen Tyrannen getötet und damit gesunden Menschenverstand bewiesen.

Judith hatte den Tyrannen getötet, weil ihre Gebärmutter sie zu einem barbarischen Akt der Selbstbehauptung gezwungen hatte. Die Volksbefreiung durch eine Frau war in der öffentlichen Wahrnehmung ein egoistischer Akt und irgendwie unrein. Weil Judith kein empfangendes Mutterwesen mehr war, sondern gefährlich. Und weil die Brutalität des Klassenkampfes nicht an die des Geschlechterkampfes heranreichte.

Natürlich funktionierte Judiths Geschichte hervorragend als Rahmen für gendertheoretische Abhandlungen. Der Grund, warum ich das Bild in dieser Nacht so exzessiv googelte, war aber ein anderer. Ich habe Judith nie als selbstlose fromme Witwe gesehen, sondern musste, sobald auch nur ihr Name fiel, immer an ein Theaterstück von Hebbel denken. Und daran, dass Hebbels These praktisch darin bestand, dass sie Holofernes nur aus Enttäuschung umgebracht habe. Enttäuschung darüber, dass selbst dieser machthaberische Obermacho nach dem Sex mit ihr eingeschlafen ist. Laut Hebbel rettete sie ihr Volk, weil diese ganzen Penner nach dem Sex immer einschlafen.

Und am Ende schrie sie: »Ich habe die Welt ins Herz gestochen.«

*

Ich hielt Ausschau nach einem Aluminiumkoffer. Da war aber keiner. Das Zimmer wirkte wie ein ehemaliger Juwelentresor. Holzverkleidung, lederbezogene Türen, Marmor und abstrakte Objekte in Magenta, hier hatte jemand Modernismus mit Tradition verbinden wollen und dabei ungünstige Entscheidungen getroffen. Mischung aus Harry Potter und einer Telekomfiliale. Außerdem gab es ein Problem mit dem Fernseher. Ich wollte Musik hören, das ging nur über den Fernseher, und der Fernseher ging nicht an. Am Fenster stand eine Frau, die jünger war als ich. Sie war schön. Sie studierte irgendwas mit Finanzen. Arkadi trank Whisky, mit gelockerter Krawatte in einer Art Halbschatten, und sagte, ich solle mir die Musik einfach vorstellen. Am besten eins der Stücke, bei denen man weinen könne, ohne etwas zu fühlen. Die so eindringlich seien, dass sie eine Art mechanische körperliche Reaktion hervorriefen und einem die Tränen in die Augen trieben, bevor man den Grund dafür auch nur ahnte. In derselben Überspanntheit, in der ich auf dem Weg vor Heulen fast geschrien hätte, lachte ich jetzt zu laut. Mir war das egal.

Ich ließ mich auf das Bett fallen. Ich schaffte es irgendwie, mich an der Unterhaltung zu beteiligen. Es ging erst um Ägypten, danach darum, dass die Bezeichnung der Geschmacksrichtung des Futters, das die Frau immer für ihren Hund bestellte, ein guter Rappername sei: *Truthahn Sensitiv*.

Ihre Stimmen klangen wie ein Radio, das leise im Nachbarraum lief, während mir das Universum ins

Ohr schrie. Ich kam bei dem Gespräch nicht mehr mit, der Streit in meinem Inneren war zu laut geworden.

Ich durchlebte einen Moment geistiger Erhellung, ich muss es so bezeichnen. Ich stellte fest, dass das, was hier passierte, langweilig war. Was heißt, langweilig. Viele Menschen hatten ein langweiliges Leben. Da passierte nichts, von wenigen Höhepunkten mal abgesehen, Fremdgehen alle zehn Jahre, Fernsehkrimi am Sonntag. Das verhielt sich in dem Kontext, in dem mir gerade die Unterhose ausgezogen wurde, jedoch nicht anders. Die Frau schenkte japanischen Whisky nach. Ich wiederhole, es passierte nichts. Wirklich gar nichts. Auf jeden Fall nichts, was über das, was wir als kleinbürgerliche Schicksale bezeichnen, hinausging. Und an dieser Stelle kommen wir zu den Fetzen zurück. Offenbar habe ich in dieser Nacht mit Arkadi mehrfach Sex gehabt, den Vorgang aber immer wieder unterbrochen, mich auf den Rücken gerollt und mit an die Decke gerichtetem Blick, völlig benebelt, irgendeinen Vortrag gehalten, über künstliche Intelligenz, wie ich annehme, das war mein Forschungsgebiet zu der Zeit. Aus den Augenwinkeln sah ich nur Haut und Haare. Blut auf Hotelbettwäsche, abgeklebte Rauchmelder, Smartphones im Flugmodus.

Mein Erkenntnisrausch endete, als Arkadi anfing, das Mädchen von hinten zu ficken. Ich kriegte das aber nicht so richtig mit und musste mir von ihr erklären lassen, was gerade passierte, ihr Kopf war über meinem, sie schaute auf mich runter.

»Was macht ihr da?«, fragte ich.

»Er fickt mich von hinten«, sagte sie. Sie rollte mit den Augen. Ich lachte.

Ich wurde als Erste wach und fuhr mit öffentlichen Verkehrsmitteln nach Hause.

Nachmittags kotzte ich eine Portion indisches Essen aus, bestellte eine zweite, legte mich auf den Boden. Sah mit halb geschlossenen Augen einen Hitchcock-film und ließ mich von meiner Ratlosigkeit niederwal-zen. Ich hatte weder Lust auf Arbeit noch auf Sport noch auf Sex, auch nicht auf das Packen meines Kof-fers. Im Grunde hatte ich nur Lust darauf, mir meinen linken Schneidezahn ziehen zu lassen.

Ich begann, meine langärmligen Oberteile zu sortie-ren. Dabei fiel mir ein, was ich im Hotel geträumt hatte. Ich belästige andere ungern mit meinen Träumen, in diesem Fall geht es aber nicht anders. In dem Traum brach mein Mann zusammen. Nachts, auf der gegen-überliegenden Straßenseite. Ich am Parkscheinauto-maten, höre ihn vor Schmerzen aufschreien, renne zu ihm, er liegt nackt wie ein geschlagener Hund auf dem Bürgersteig, die Schmerzen in dem Muskel zwi-schen Leiste und Bauchnabel zerreißen ihn fast. Ich versuche, ihn vom Einschlafen abzuhalten, er kann sich nicht bewegen und stirbt lachend. Ein paar Män-ner laufen an uns vorbei durch die Dunkelheit. Die Silhouetten bedrohlicher Vierecke, Variationen ein und derselben Person, der Typ, von dem ich Jahre zu-vor vergewaltigt und fast ermordet worden bin. Die-ser Typ taucht seitdem in meinen Träumen auf. Alle paar Monate. Manchmal auch alle paar Wochen. Der

Traum mit meinem sterbenden Mann endete in einem Zustand, den ich als Gewährleistung meiner körperlichen Unversehrtheit bezeichnen würde. Trotz der potenziellen Killer in meiner Nähe blieb ich ruhig, wahrscheinlich, weil ich davon ausging, dass man eine über ihren sterbenden Mann gebeugte Frau nicht vergewaltigen konnte. Und weil ich vermutete, dass unsere Umrisse in der Dunkelheit bedrohlich wirkten. Wir sahen wie ein schwer zu identifizierendes kleines Ungeheuer aus. Ich konnte meinem Mann nicht in die Augen gucken. Es ging nicht, nicht mal, als ich ins Taxi zum Flughafen stieg und er meine Tasche in den Kofferraum knallte. Ich hätte ihm von dem Traum erzählen sollen. Aber ich tat es nicht. Ich ahnte, dass ich zu erschöpft war, um mit seinem Selbstmitleid fertig zu werden.

*

In Wolgograd besuchten Maria und ich die Schwester ihres Großvaters. Sie lebte allein. Sie hatte als Vorleserin für einen sterilisierten blinden Musiker gearbeitet und den dann auch geheiratet irgendwann. Küche Saustall, Wasserkocher ging nicht auf, die Spitzen ihrer Haare waren orange, konnte sie offenbar nicht mehr färben wegen ihrer neurodermitischen Kopfhaut, eine Art Schuppengeflecht zwischen zu dünnen Haaren in der Farbe eines braunen Briefumschlags. Ich hatte Angst, dass etwas davon in meine Teetasse rieseln könnte. Wir saßen in ihrem Wohnzimmer. Maria drückte den Oberschenkel an meinen.

Ihre Großtante sprach perfekt Deutsch. Sie sagte zu mir, sie verstehe mich nicht, ich würde so nuscheln, und dass heutzutage niemandem mehr beigebracht werde, vernünftig zu sprechen. Sie liebe die deutsche Sprache, sagte sie. Erzählte dann mehrmals, dass ihr Mann nicht hätte blind sein müssen, das habe nur daran gelegen, dass seine Mutter während der Schwangerschaft verdorbenes Hackfleisch gegessen hätte. Daraufhin begann sie mit einer Ausführung über seine Krankheit und nannte einen Fachbegriff. Driftete dann aber ab, zum Ende einer Geschichte, die sie gar nicht angefangen hatte. Operation, Unterleib, ein Arzt habe ihre Organe auseinandergemetzelt wie »Hackfleisch, Hackfleisch«.

Danach liefen Maria und ich kilometerweit durch Wolgograd. Aßen Rote Bete in einem Restaurant, in dem die Platten der Tische mit Fotos von Swimmingpools bezogen waren, und nahmen ein Taxi nach Krasnoslobodsk.

Ich hatte mir vorgestellt, dass sie in einer Wohnung aufgewachsen wäre, aber es war ein kleiner Bungalow. Das Dach war aus Wellasbest. Birkenstämme vor abgeblätterter Brokattapete. Man konnte nicht beurteilen, ob das Schimmel war oder der Rest vom Muster. Das Haus hatte vier Zimmer. In den Wänden hörte ich Tiere klettern. Das Grundstück schien mir ein Friedhof netter Ideen zu sein, lauter aufgegebene romantische Projekte.

»Hier wollte mein Großvater einen Rosengarten bauen«, sagte Maria und deutete auf ein verfallenes

Metallgerüst, »und hier ein Stück vom Hof ausheben, damit der Blick zum Wasser auf einer Linie ist.«

Ich verstand nicht, was sie mit »Hof« und »auf einer Linie« meinte. Das Wasser war die Wolga. Kleine, kaputte Brücken über einem vertrockneten Bachlauf. DDR und neunzehntes Jahrhundert, verspielte Bronzegitter auf einem Fundament aus grauen, schmalen Ziegelsteinen. Das Einzige, was mir dazu einfiel, war das Wort »Postapokalypse«. Im Keller entdeckte ich, genau auf Kopfhöhe, das größte Spinnennetz, das ich je gesehen hatte, so dicht, als wäre die Decke abgehängt worden. Hätte ich hineingegriffen, wäre meine Hand stecken geblieben.

Ich zog aus einer unter Staub vergammelten Plastiktüte Fotos hervor und sah, dass die Zeit aus dem Chaos etwas gemacht hatte, das mir wertvoll vorkam.

Maria stellte eine Kerze ans Bett. Sie hatte nur Unterwäsche an und noch nie eine Frau angefasst, ohne dass ein Mann als Alibi dabei gewesen war. Sie zog mich auf sich, hielt mich zu sehr fest, reagierte auf keine meiner Bewegungen. Ich lag die meiste Zeit auf ihr, fühlte mich zu etwas gezwungen, gegen das ich mich aus Höflichkeit nicht zur Wehr setzen wollte, sie zog an meinen Haaren, um mich zurück nach oben zu holen, ihr Bein war nass, es gab zwei Momente, in denen mich ihr Stöhnen an jemand anderen erinnerte, irgendwann fragte sie, warum ich lachte, ich sagte: »Weil ich das ganz gut finde«, sie sagte, sie finde das auch ganz gut. Sie sagte, dass es interessant sei, was ich sähe und was nicht. Ich sagte, dass ich nie wisse, wann sie schüchtern sei und wann arrogant. Meistens sei sie arrogant, sagte sie. Und ich sagte: »Merke ich langsam.«

Am nächsten Morgen hatte ich dichte dunkle Blut-ergüsse an der Schulter und am Hals. Dem Schmerz nach zu urteilen auch einen am Steißbein. Das waren keine Knutschflecke und keine harmlosen Hämatome, das waren Prellungen.

»Die müssen von mir sein«, sagte Maria, »ich hin-terlasse immer Wunden.« Und ob ich das Kamasutra gelesen hätte. Die professionellste am Körper seines Boyfriends zu hinterlassende Verletzung sei ein Ge-bissabdruck. Kleine blaue Flecken, alle in der gleichen Farbe und Intensität, damit die anderen Geliebten wüssten, mit wem sie es zu tun hätten. Hätte ich einen der wenigen Männer, mit denen ich in meinem Leben geschlafen habe, auf diese Weise gebissen, säße ich heute im Knast.

Meine Reaktion darauf war ein Aufflackern masochis-tischer Finsternis. Ich kenne das aus Situationen, in denen sich Kontrollverlust auf ungünstige Weise mit der Scham für schlechten Sex verbindet, es tritt aus dem Nichts auf und grenzt an Psychose. Ich sehe in den Spiegel und darin nicht mehr mich selbst, nur noch etwas, das es auszulöschen gilt. Es geht ein Kampf los, etwas in mir beginnt zu glauben, mein Fleisch, meine Haut, die Asymmetrie in meinem Gesicht restlos ver-nichten zu müssen, darauf folgen ungeordnete Blitze. Mein Körper ist nichts anderes mehr als ein vergilbtes

Schwarz-Weiß-Foto von schlechtem Bindegewebe, etwas Belangloses, das man im Keller gefunden hat.

Vor mir lief ein Film ab, in dem Maria mich abwechselnd mit Stacheldraht strangulierte oder nackt über glühende Vulkanasche schleifte, ich wollte das unterbrechen, ging aber nicht.

Es gibt die Explosion. Deine Haut zerreißt. Aufgrund von etwas, das du als Fremdeinwirkung identifizieren kannst. Du spürst deinen Körper in der Hitze der Flammen zittern und hast bisschen später eine Rettungsdecke über dir hängen, die die Grenzen dessen, was du bist und was du fühlst, zieht. Damit kann man umgehen. Das ist eine Form von Schmerz, aus der ein Gefühl für die Grenzen des eigenen Körpers und der eigenen Existenz entsteht. Dann gibt es die Implosion. Zieht sich nach innen. Das ist ein sich zusammenziehendes Verglühen und läuft auf ein schwarzes Loch hinaus, du verschwindest und löst dich auf. Das, was du für dich gehalten hast, läuft aus. Wie Wasser, das über die Deiche tritt. Und es bleibt nichts übrig. Du wirst zum gesamten Universum, genau in dem Moment, in dem es auf winzigstem Raum zusammengepresst wird und sich selbst zu verschlingen beginnt.

Ich ging schwimmen. Ich lief auf die Wolga zu, zog im Gehen meine Klamotten aus. Ich blieb so lang unter Wasser, bis mein Körper wieder atmen wollte.

Bevor mir die tote Kuh auffiel, sah ich einen Geier am Ufer. Okay, das war ein Geier. Aber es war auch das Rebhuhn von dem Servierteller bei uns in der Küche. Der Geier war nicht ausgewachsen, eher Teenager, lief auch nicht vorwärts, sondern rückwärts, dabei verlor er fast das Gleichgewicht. Er taumelte zwischen wilden Tulpen vorsichtig vom Ufer weg und ließ mich nicht aus den Augen.

Er verachtete mich.

SCHWARZACH, ST. VEIT

Sollten Sie am Weihnachtsmorgen in den Zentral-
alpen unterwegs gewesen sein und dort beobachtet
haben, wie eine Person mit Alukoffer auf irgendeinem
Bahnhofsvorplatz zusammengebrochen ist, Seiten-
scheitel, akkurate Kleidung: Das war meine Schwester.
Es geht ihr inzwischen besser. Nach allem, was sie mir
erzählt hat, muss ihr Anblick ein gewisses Entsetzen
in Ihnen erregt haben. Ihr Zustand war keiner angeborenen Disposition geschuldet, das will ich hier klar-
stellen. Ihr Zustand war den Umständen geschuldet.
Sie hat mir diese Umstände geschildert. Am zweiten
Weihnachtsfeiertag. Wir saßen in der Küche unserer
Eltern. Unter dem zu tief montierten Hängeschrank,
der seit unserer Kindheit als Kampfansage über unseren Köpfen schwebt und jede Mahlzeit mit dem Risiko
eines Genickbruchs überschattet. Kein Weihnachtsbaum. Nur ein paar Zweige mit Lametta. Ketti raucht.
Das heißt, sie rauchte. Ich werde hier ein bisschen mit
den Zeitformen durcheinanderkommen. Sie rauchte,
sie erhob sich von der Bank und drückte die Zigarette auf dem Läufer aus, Flokati-Imitat, direkt vor der
Spüle. Leider die Farbe vergessen. Aber wie ich meine

Mutter kenne, hat die sich beim Herbst-Sale von Tchibo ungezügelt für Pink entschieden. Gestank von verkohltem Kunststoff und Nikotin. Nebel aus Gänsefett. Unsere Eltern waren gerade mit meinen Söhnen abgehauen. Ich sah sie durch das Fenster Richtung Friedhof stampfen und hinter ihnen den zugefrorenen Moorsee. Sie holte Luft. Meine Schwester holte Luft, um mir die Geschichte ihrer Anreise zu erzählen. Sie kam aus Russland, sie hatte vier Monate in Russland verbracht, sie sagte mir nicht, warum.

Sie verdient Geld damit, dass sie schön ist. Sie ist nicht die Einzige, die damit Geld verdient. Eine so elementare Schönheit wie die meiner Schwester kann das Vermögen von Unternehmern verdoppeln. Ich muss das erwähnen, sonst macht die Story keinen Sinn. Amancio Ortega ist der zweitreichste Mann Europas. Sie hing für den in Lebensgröße an Bushaltestellen, glotzte so konform in die Kamera, dass die Betrachter an irgendetwas zwischen Opium, Analsex und dem Einsturz des World Trade Centers denken mussten. Sowohl meine Schwester als auch mich beunruhigen diese Fotos bis heute, fast unabhängig davon, dass sie auf ihnen zu sehen ist. Verschwitzt, lasziv, vor drei Sekunden gefickt worden. Softpornos, die behaupten, sie würden die Emanzipation einer souveränen Frau illustrieren. Mit diesem Paradox sei sie schon beim Shooting nicht zurechtgekommen, sagt meine Schwester. Sie habe das schon damals für den Untergang der Menschheit gehalten. Aber der ist ihr scheißegal. Und wenn Sie ihr am Weihnachtsmorgen tatsächlich begegnet und so erschüttert gewesen sind, wie ich anzunehmen gezwungen bin, dann hat das zum großen Teil an dieser Mischung aus »scheißegal« und tiefer, nicht zu identifizierender Angst gelegen, irgendetwas Alttestamentarisches wird sich da in ihrem entzündeten Auge gespiegelt haben, wütender Gott, nehme ich an.

Meine Schwester war die, in die sich alle unsterblich verliebt haben. Sie hat bei den ganzen provinziellen Punks als Teenager ihre Finger im Spiel gehabt, quasi als Muse, überall, sie hat das selbst aber nie so ganz mitgekriegt. Dann keinen Bock mehr gehabt auf verpunkte Volkslieder. Mit siebzehn einen Rinderbaron aus Argentinien geheiratet und Karriere gemacht und sich scheiden lassen. Ihr zweiter Mann hatte eine Surfschule. Los Angeles. Mit zwanzig hat sie dann einen griechischen Finanzdienstleister in Deutschland kennengelernt, der Stavros heißt und ein netter Kerl zu sein scheint. Sie war ein sogenanntes *Oceangirl,* schon als Vierzehnjährige. Weiß der Teufel, warum. Eine Surferin in Hippie-Klamotten. So etwas passt nicht nach Österreich.

Unsere Heimat ist ein Land, das mich schon aufgrund seiner Nationalflagge nervt. Historisch ist die Entstehungsgeschichte dieser Flagge nicht belegt, sie wurde uns in der Volksschule trotzdem mit derselben Vehemenz ins Gedächtnis gehämmert wie Bruchrechnung und das Alphabet. Die Flagge sei dem Waffenrock eines Kreuzfahrers nachempfunden, und der sei weiß gewesen. Nach einer wichtigen Schlacht, auf der

er irgendetwas erobert oder verteidigt oder nieder-
gebrannt hatte, war der Waffenrock dann nicht mehr
weiß, sondern blutdurchtränkt, nur nicht an der Stelle,
wo er das Schild getragen hatte. Deshalb zwei rote
Streifen. Und ein weißer in der Mitte.

Denke ich an Österreich, dann an Blut. An Blut, das
in akkuraten Blöcken durch ein Waffenhemd gesickert
ist. Denkt meine Schwester an Österreich, dann denkt
sie an Innereien. Und an Torten. Ständig Torten. Torten in allen Größen und Erscheinungsformen.

Den Umständen, die zu ihrem Anblick an Weihnachten führten, ging ein Interkontinentalflug mit Hand-
gepäck voraus. Sie hatte meinen Eltern vorgeschlagen
zu kommen. Sie hat sich das in einem Größenwahn,
dessen Ursprung ihr bis heute schleierhaft ist, auch zu-
getraut. Auf dem Flug habe sie jedoch tiefe, schwarze
Angst gekriegt, trotz Tranquilizern und Businessclass.

Natürlich erstaunte mich das. Meine Schwester
ist auf jedem Kontinent dieser Welt gewesen. In der
Tundra fast verhungert. In Taxis mit zerschlissenen
Kunstledersitzen durch Bürgerkriege in Afrika gefahren und beim Aussteigen auch noch angeschossen
worden, die chronischen Schulterschmerzen, die aus
der Verletzung resultierten, hat sie von einem Osteo-
pathen therapieren lassen, der ihr wahrscheinlich
noch ein bisschen Bondage beigebracht hat im Anschluss. Im Gegensatz zu mir hat meine Schwester
Heroin probiert, sich auf irgendwelchen Halluzinogenen im Urwald mit Lianen auspeitschen lassen, sie
weiß, wie Geld riecht, wie amerikanisches Geld riecht,

wie taiwanesisches Geld riecht, wie ägyptisches Geld riecht. Doch nirgends habe sie etwas erlebt, sagte sie am zweiten Weihnachtsfeiertag zu mir, das vergleichbar gewesen sei mit der stummen, diffusen Brutalität unserer Herkunft. Sie könne das alles nicht objektiv beurteilen, genauso wenig wie ich. Trotzdem, dieses Kaff, das sei immer nur dunkel gewesen.

Ich musste ihr da zustimmen. Zu dunkel für Strindberg. Hätte Strindberg unsere Familie auftreten lassen in irgendeinem seiner Stücke, dann wäre die Reaktion seiner Vertrauten ein wohlwollender Abmilderungsversuch gewesen. Spätestens, wenn der soundsovielte Schwager erhängt auf dem Dachboden gefunden worden wäre, da hätte sich Strindberg von seinen Vertrauten anhören müssen, dass das jetzt doch ein bisschen zu dick aufgetragen sei, einfach nicht mehr glaubwürdig. Aber so ist unsere Familie, ja. Es wird da auch ein paar nette Momente gegeben haben, irgendwann mal. Mir fällt jetzt aber keiner ein.

Das Einzige, was meine Schwester im Flugzeug wieder Luft holen ließ, war die Gewissheit, als Gewinnerin zurückzukehren. Das Gefühl habe sie jedoch zu unterdrücken versucht, sagte sie. Sie habe sich mit aller Kraft zur Bescheidenheit gezwungen. Sie hatte unseren Eltern gesagt, dass sie am 24. landen und umgehend zu ihnen fahren würde. Schlechte Zugverbindung, seit dreißig Jahren hatte sich da nichts verändert. Ich fahre die Strecke einmal im Monat. Zwei Regionalbahnen, vom Bahnhof in der nächstgelegenen Marktgemeinde muss man ein Taxi nehmen oder sich abholen lassen. Meine Schwester sei aber bereits am Vorabend in Salzburg gelandet, gestand sie mir. Sie habe angenommen, dass sie sich auf halber Strecke würde akklimatisieren und aus dem Zug steigen müssen. Und das habe sie dann auch getan. Nebenbei bemerkt geht mir diese beschissene indirekte Rede auf den Keks. Ich lasse das jetzt. Meine Schwester stieg in Hallein aus. In Hallein sind wir zur Schule gegangen. Ich bin zwei Jahre jünger als sie. Der Ort liegt direkt neben dem Bergbauerndorf, in dem Hitler gerne seine Ferien verbracht hat, man spürt den da irgendwie auch immer noch, bisschen zumindest, ätherische Präsenz eines Diktators, der sich halb nackt im Garten sonnt. Es gibt in Hallein drei Supermärkte. Eine preisgekrönte Jugendherberge. Eine malerische Altstadt. Den Abend des 23. verbrachte meine Schwester in einer Kneipe am Stadtrand, in der sie mit vierzehn häufig in ihrer eigenen Kotze aufgewacht war. Illegaler Schuppen, man trank dort Schnaps aus Kaffeetassen. Hallein hatte sich verändert, seit sie abgehauen war. Diese Kneipe nicht. Kaputte Jukebox, gedimmtes Licht. Spitzengardinen. Alles wie früher. Aber früher war diese Kneipe eine Verheißung, dieses Morbide, Modrige, Alte, Abgefuckte, Abgetakelte, wir erinnerten uns gemeinsam an Umrisse von Körpern, die sich an beschlagene Fenster drückten, wir erinnerten uns an fallen gelassene Rotweinflaschen, Überflutung mit Glassplittern, dann noch an das denkmalgeschützte Pfarrhaus nebenan, auf das eine Horde Zehntklässler mal mit Fassadenfarbe tausend Penisse gemalt hatte. Inzwischen ist der Laden ein entmystifiziertes Quadrat. Unterschied sich laut meiner Schwester nur geringfügig von der Raucherzelle am Flughafen Kairo und schien ihr zu drohen. Das war eine Drohung, eine uncharmante Drohung, die Drohung, nachts noch besoffen den Kaschmirpulli aus dem Fenster hängen zu müssen, weil er sonst das ganze Haus mit dem Gestank nach schlechter Party verpesten würde. Aber welches Haus? Sie hatte beschlossen, sich kein Hotelzimmer zu nehmen, sondern durchzumachen. Sie wusste nicht, warum. Es war einundzwanzig Uhr. Der erste Regionalexpress nach Schwarzach fuhr um vier Uhr zweiundzwanzig. Sie würde sich bis dahin in Hallein besaufen, dachte sie, in dieser Kneipe. Mechanisch ein Glas Weißwein nach dem anderen kippen und unseren Eltern dann besoffen beim Frühstück gegenübersitzen und mir auch, an mich hätte sie da natürlich auch gedacht. Ich bezweifle das. Sie verschwendet keinen unnötigen Gedanken an mich. Ich nehme ihr das nicht übel. Ich weiß, dass sie mich liebt. Es ist nicht schwer, jemanden zu lieben, der durchschnittlicher ist als man selbst.

Eine Kellnerin fragte meine Schwester, wo sie herkomme, und sie nannte den Namen unseres Dorfes, woraufhin die Kellnerin ihr begeistert ein Video zeigte, das sie auf Instagram hochgeladen hatte. Von einer Beerdigung in unserem Kaff. Die Kellnerin war da offenbar vor Kurzem gewesen. Da war jemand beerdigt worden, und das gesamte Dorf war dem Sarg hinterher um die Kirche gestampft, und in das Video hatte die Kellnerin ein Totenkopf-Emoji montiert und kleine Kreuze. Meine Schwester habe es jedenfalls irgendwie geschafft, bis halb vier durchzuhalten, sagte sie, Alkohol, Drogen, Freaks. Kurzer Ohnmachtsanfall auf dem Klo. Reaktion auf den Cocktail aus Antidepressiva, in dem sie sich hatte auflösen wollen, aus einer Art Fluchtinstinkt heraus, nahm sie an. Lorazepam, Diazepam, bisschen Valium, Weißwein.

Die Nacht verbrachte sie im Dämmerzustand. Ein Dämmerzustand, der von Episoden stechender Nüchternheit zerschnitten wurde. Sie kam nicht runter, nicht so tief, wie sie ihrer Ansicht nach hätte runterkommen müssen. Um fünf vor vier hat sie sich zum Bahnhof geschleppt. Das sei ein komplizierter Zustand gewesen, sagte sie zu mir. Dann verstummte sie. Stand vom Küchenboden auf, ging zum Kühlschrank, holte eine Tupperdose mit Gänseresten raus. Sie aß. Essen ist für sie ein wichtiges Thema, dazu komme ich vielleicht später noch.

Sie habe sich zum Bahnhof geschleppt, zu einem der österreichischen Provinzgleise, die alle gleich aussähen. Keine Ahnung, warum meine Nacherzählung jetzt wieder indirekt und deshalb distanzierter wird, vielleicht, weil ich meiner Schwester ihre Geschichte nicht wegnehmen möchte. Es sei kalt gewesen, Schneegestöber und Dunkelheit, sie habe zitternd auf einer Bank gesessen und festgestellt, dass ihr Handy leer gewesen sei und sie nichts zum Lesen dabeigehabt habe, wirklich gar nichts, nicht mal einen Schokoriegel mit bedruckter Rückseite.

Der Regionalexpress kam, sie stieg ein, hatte einen Waggon für sich alleine. Beim Einsteigen war ihr Pradamantel aus Nylon an der Tür hängen geblieben und eingerissen. Das merkte sie, als sie sich auf einen Vierer fallen ließ und die Beine ausstreckte. Kaputt sah so ein Mantel nicht mehr nach dem Understatement aus, das die New Yorker mit Geld von den New Yorkern mit Geld und Geschmack unterschied, der Mantel war nur noch das notdürftig zum Schneecape umfunktionierte Zelt eines Obdachlosen.

Die Fahrt nach Schwarzach würde fünfundvierzig Minuten dauern. Meine Schwester war müde. Bisschen Trancezustand. Unterbrochen von Fetzen im kaputten Fahrgastfernsehen. Der Bildschirm hatte einen Wackelkontakt. Irgendwo auf der Welt brannten Wälder. In Südamerika, stellte sie fest. Dort, wo sie mit siebzehn hingezogen war. Dann wurde sie von einem Schaffner geweckt. Es war zwanzig vor sechs. Sie war an Schwarzach vorbeigefahren, bis zur Endstation, Zell am See. Unsere Großmutter war dort vor Jahren mal wegen einer Wundrose im Regenerationszentrum gewesen. Der Schaffner hatte Angst vor meiner Schwester. Verstopftes, verquollenes Gesicht, Pupillen schwarz. Er wird sie für eine Satanistin auf Heroin gehalten haben. Man kann ihm das nicht verübeln. Wie Sie wissen, sah sie furchtbar aus. Er selbst hatte optisch ein bisschen was von Karl Marx. Sie atmete ein, zwang sich zu der Frage, ob der Zug zurückfahren würde und sie sitzen bleiben könne. Der Schaffner bejahte. Er stampfte weg. Drehte sich aber noch mal um und wünschte pflichtbewusst »Frohe Weihnachten«, seine Stimme klang nach lungenkrankem Gebirgsgott. Der Zug stand eine halbe Stunde lang am Gleis in Zell am See, dann fuhr er zurück in die Richtung, aus der er gekommen war, mit meiner übermüdeten Schwester drin.

Die Fetzen des Waldbrands wiederholten sich. Paar Leute stiegen ein, besoffene Teenager, Senioren in Festtagskleidung.

Es war noch immer dunkel. Ein Großteil der Strecke verlief entlang der Salzach. Meine Schwester guckte sich die Salzach an. Türkis. Selbst bei Nacht und im Winter sah dieser Fluss nach Chlorreiniger aus, er leuchtete. Irgendwo kurz vor Taxenbach-Rauris musste sie an die Flughafenangestellten denken, denen sie mal im Kongo begegnet war. Vielleicht, weil deren boshafte Willkür sie an unsere Mutter erinnerte. Unsere Mutter ist Mitte siebzig, zieht sich aber noch immer an, als wäre sie der ultimative Fick. Jeans zu pailettenbesetzten T-Shirts. Schlecht gefärbte Föhnfrisur. Sobald ein Mann den Raum betritt, wird geflirtet. Egal, ob er neunzig oder zwölf ist. Daran dachte meine Schwester im Kampf gegen die Erschöpfung. Als sie aufwachte, hielt der Zug in Kuchl, fünf Stationen hinter Schwarzach. Sie fing an zu weinen.

Sie stieg aus. Die Tränen waren schwerer als sonst, erinnerten sie an den Urin von jemandem, der zu wenig getrunken hatte. Allmählich wurde es hell, die Sonne befand sich acht Grad unterhalb des Horizonts. Der Horizont hier ist kein Horizont. Er ist eine starre, bedrohliche Front aus Bergen, man kann die gesamte Welt bereist haben und erwachsen geworden sein, hilft nicht im Geringsten. Die Alpen grenzen alles ein, was lebendig ist. So wie Tradition den Fortschritt eingrenzt. An keinem Fleck Europas gibt es eine so hohe Selbstmordrate wie hier. Und am Gleis in Kuchl begann meine Schwester, den Grund dafür zu erahnen. Gewisse Landschaften fordern die Menschen auf, der Welt zu entfliehen, die sie hervorgebracht hat.

Unter größter Anstrengung begann meine Schwester, den Fahrplan zu studieren. Der nächste Zug würde um acht Uhr fünfunddreißig am gegenüberliegenden Gleis abfahren. Er würde eine Dreiviertelstunde nach Schwarzach brauchen. Es war viertel vor acht. Außer ihr war niemand am Bahnhof. Ihr Kopf tat weh, und ihr war schwindelig. Aber je näher die Ankunft des Zuges rückte, desto schneller wechselten ihre Empfindungen und ihre Gedanken. Sie hatte Sehnsucht. Inmitten der österreichischen Schneeverwehungen dachte sie an Glut. An die Glut, die in Argentinien unter der Erde brannte. An ihren unflätigen Vater, ihre grobe Mutter. Sie stieg in den Zug. Der Zug fuhr los. Sie schlief sofort ein. Sie wachte in Lend auf, eine Station hinter Schwarzach. In Lend hatte ihr erster Freund gelebt. Sie erinnerte sich an ein recht gutes Konzert seiner Punkband im Christkönigspfarrsaal. Und daran, dass er immer Kajal getragen und Schlagzeug im Wald gespielt hatte. Diesmal wollte meine Schwester nicht heulen, lieber ihre glühende Stirn am Vordersitz blutig schlagen. Zwang sich stattdessen aufzustehen und verließ wankend den Zug, der Himmel war dunkelgrau. Am Gleis ein zahnloser Afrikaner, der bei ihrem Anblick beunruhigt in die andere Richtung lief. Außerdem paar Eingeborene mit Multifunktionsjacken und

Rucksäcken, es war halb zehn, die Menschen hatten ihre Betten verlassen. Meine Schwester begann, den Weihnachtsmorgen für eine Vorhölle zu halten. Sie war davon überzeugt, niemals in Schwarzach anzukommen und auch sonst nirgendwo. Limbo. Der äußere Kreis der Unterwelt, ein Ort, an dem sich Seelen befinden, die ohne eigenes Verschulden vom Himmel ausgeschlossen worden waren.

Es interessiert keine Sau, wie meine Schwester Schnee oder Kälte beschreibt. Glauben Sie, es gäbe irgendetwas, das meiner Schwester zu schlechtem Wetter einfällt und origineller wäre als das, was anderen Leuten vor ihr zu schlechtem Wetter eingefallen ist? Nein. Wirklich nicht. Egal. Sie habe jedenfalls vor einem der zu Grunde gewirtschafteten Imbisse gestanden, die es an den Bahnhöfen hier praktisch immer gibt und die auch immer gleich aussehen, immer so, als hätten Nazis sie abgefackelt, mehrfach, da stand sie nun, mit vom Alkohol niedergebranntem Wasteland im Bauch. Schmerzen, die von den gefrorenen Fingerspitzen ausgingen, als würden die Nerven mit glühenden Zangen zusammengequetscht. Dieser Schmerz zog sich durch ihre Arme am Herz vorbei in den Solarplexus, wo er sich ausbreitete und verhärtete. Und dann Nebel, so dicht wie eine Front aus Watte. Vereinzelt liefen ausgeschlafene Fahrgäste an ihr vorbei, Menschen in Stretchoberteilen unter Skijacken, Menschen in Anzügen von der Stange. Diese Menschen hätten sie angesehen, als hätten sie ein Monster vor sich, sagte sie, die Menschen seien zurückgewichen. Sie hätten keine Angst gehabt. Sie hätten sich geekelt.

»Was ist schlimmer?«, fragte mich meine Schwester.

»Nur schwarz oder nur weiß sehen zu können?«

Ich sagte: »Weiß ich nicht.«

»Und wann fängt man an, die Alpen mit der Sahara zu verwechseln?«

»Wenn man erfriert«, mutmaßte ich.

Sie nickte und sagte, dass man dann wahrscheinlich Kamele sehe in den Alpen. Und auf diese Kamele hätte sie sich in Lend schon zu freuen begonnen, sie habe sich auf ihren Tod gefreut. Unter den Blicken ihrer Landsleute, die sie für ätherischen Abschaum hielten. Und sie schon immer für ätherischen Abschaum gehalten hätten. Ätherischer Abschaum. Der Begriff schien ihr zu gefallen.

Sie, lieber Leser, dürfen an dieser Stelle nicht vergessen, dass meine Schwester auf dem Weg nach Hause war. Überall auf der Welt ist sie schön. In ihrer Heimat ist sie hässlich.

Sie ist groß, sie ist dünn. Aber sie ist nicht essgestört. Sie interessiert sich mit erschreckender Leidenschaft für Essstörungen, aber sie leidet nicht unter einer. Da bin ich sicher. So sicher, wie man sich als kleiner Bruder sein kann. Sie ist eins von drei Models in ihrer Agentur, die keine in Öl getränkte Watte fressen müssen, Resultat aus Stoffwechselstörung und den Tonnen Schweineschmalz, mit denen unsere Mutter gekocht hat. Sie ist vollgestopft worden als Kind, genau wie ich, wir haben das Essen gelernt.

Am zweiten Weihnachtsfeiertag, als sie da auf dem Küchenboden saß und mir mit Gänseresten im Mund von ihrer Anreise erzählte, da versuchte ich, sie anzusehen, wie sie ein Fremder am Bahnhof angesehen hätte. Unter der abgehängten Decke wirkte sie tatsächlich wie eine Spinne. Wie ein Weberknecht, den man in eine Streichholzschachtel gesperrt hatte. Alles Schöne an ihr konnte genauso gut hässlich sein. Und unter bestimmten Umständen war sie das auch. Hässlich. Ich begann, Mitleid zu empfinden. Mitleid, das sich von herkömmlichem Mitleid unterschied und eine gewisse demütigende Übelkeit hervorrief. Es war das Mitleid der Mittelmäßigen für die, die herausragen. Die dafür bezahlen müssen, dass es kein Dazwischen gibt, dass ihre Eigenschaften gleichermaßen für Applaus oder Ächtung sorgen. Zu Hause ist meine Schwester hässlich. Dünn ist sie überall. Darauf kann sie sich verlassen. Vielleicht hängt ihre Obsession für Anorexie damit zusammen, dass sie verlässlich dünn ist, das dachte ich plötzlich, es scheint sich da manchmal fast so etwas wie Neid breitzumachen, ein perverser Neid auf Essgestörte, die für etwas kämpfen, wofür sie brennen. So belanglos es auch sein mag, für eine Ziffer auf einer Waage zu brennen. Die haben einen Anspruch, von dem sie hin und her geworfen und auf dem Weg zum Ziel irgendwann zerrissen werden.

Hat meine Schwester das nicht? Ein Ziel? Ein Ziel, das über willkürliche Extremerfahrungen hinausgeht? Ich weiß es nicht. Will sie zerrissen werden? Vielleicht will man das, wenn man so schön ist.

In Lend ging sie zum Snackautomaten. Der Snackautomat befand sich in der überdachten Wartehalle. Sie warf Geld ein. Sie wollte einen Multivitaminsaft und ein Kägi fret. Sie hörte die Produkte poltern, klemmte sich beim Versuch, sie zu entnehmen, jedoch die Finger in der Eisenklappe ein. Sie sank auf die Knie und sah Sterne, brutale Übelkeit, einen halben Meter kroch sie auf Knien, dabei muss sie für die Passanten wie eine Moorleiche beim Versuch der Auferstehung ausgesehen haben. Dann sackte sie in sich zusammen und war weg. Als sie zu sich gekommen sei, habe es sich angefühlt, als sei sie ein halbes Jahr lang weg gewesen. Die Wartezeit auf den nächsten Zug Richtung Schwarzach war aber praktisch noch immer dieselbe wie vor der Ohnmacht, Wurmloch. Halbe Stunde noch. Am Gleis blickte sie in den Himmel. Das Dunkel war lichter geworden, als sei es der Sonne gelungen, sich einen Weg durch Beton zu bahnen.

Als meine Schwester das erzählte, wunderte ich mich, wie das ging.

Wie es ging, dass jemand an einem so dumpfen Ort so hell geblieben war.

Der Zug war pünktlich. Sie stieg ein. Ihre Müdigkeit war zu einem hysterischen, fast halluzinogenen Rausch geworden, laufende Nase und hartes, unablässiges Husten zu Gleichgewichtsstörungen. Die Leute dachten, sie wolle sich vor den Zug schmeißen. Im Grunde wollte meine Schwester das auch. Aber sie blieb wach. Es fiel ihr nicht schwer, wach zu bleiben. Sie spielte sogar mit dem Gedanken, sich von einem der Fahrgäste in Schwarzach wecken zu lassen. Aber sie traute sich nicht zu fragen. Sie hatte halb nackt am Times Square gehangen. Aber einen Österreicher um etwas zu bitten, das kriegte sie nicht hin.

Schwarzach wurde als nächster Halt angekündigt, zuerst schriftlich auf dem Monitor, dann vom Schaffner über die Lautsprecher.

Ankunft in Schwarzach, St. Veit. Drei Minuten.

Das war das Letzte, woran meine Schwester sich erinnerte. Sie schlief ein. Und wachte mittags am Hauptbahnhof in München auf. Von München flog sie nach Salzburg. Und von Salzburg nahm sie ein Taxi ins Kaff. Zum Zeitpunkt ihrer Ankunft hätten wir normalerweise zu Abend gegessen, das taten wir aber nicht, da meine Eltern in Sorge um sie die Nahrungsaufnahme verweigerten. Ihr Handy war ausgeschaltet. Meine Mutter weinte. Als meine Schwester vor der Tür stand, sagte meine Mutter gar nichts. Dann sagte sie: »Ketti, wie siehst du denn aus?«

Das Haus ist hart. Wirklich. Verschiedene, ineinander übergehende, undefinierbare Eigengerüche, mittendrin unsere Eltern, irgendwo zwischen Komplettverfall und lässiger Gefasstheit, die Küche ein Schlachtfeld, mehrere Schichten eingetrocknete Bratensoße am Herd, zwei Einzelbetten im Schlafzimmer, gegenüber voneinander, eins mit rosa Kinderbettwäsche, das andere aus dem Krankenhaus mit dreieckigem Griff zum Hochziehen. Und überall das, was man als

Materialmix bezeichnet. Terrakotta zu gefaktem Marmor und eine Badewanne mit Füßen aus vergilbtem Plastik.

Das war die Geschichte. Meine Schwester beendete sie mit einer Schlussfolgerung. Oder eher mit einem Zusatz, der die Geschichte mir gegenüber ins richtige Licht rücken sollte.

»Es geht hier nicht um Geografie«, sagte sie. Es gehe um zwei Seiten des menschlichen Zustands. Oder um zwei ewige Momente des menschlichen Zustands. Danach fragte sie, wie es mir denn so gehe. Ich erzählte von der Kanzlei. Ich erzählte von den Jungs. Der eine hatte mit Leistungsturnen angefangen, der andere fuhr immer Fahrrad ohne Helm und wurde jeden Monat schlechter in der Schule, man hatte bei ihm ADS diagnostiziert, aber meine Frau und ich waren dagegen, ihm Ritalin verschreiben zu lassen. Solche Dinge. Wo meine Frau jetzt gerade überhaupt sei, fragte sie. Und ich sagte: »Bei ihren Eltern.«

Die Eltern meiner Frau sind dement. Und sie fängt ab und zu an zu weinen, weil sie gern Geschwister hätte. Ich erzählte sogar von unserem Garten. Von der Magnolie, die im Frühling erfroren ist, ich weiß nicht, warum.

Meine Schwester bat mich, vor dem Abendessen mit ihr zum See zu gehen.

Wasser. Meine Schwester ist fasziniert von Wasser. Seen, Flüsse, Teiche. Das Meer findet sie langweilig, obwohl sie gern surft. Oder zu provinziell, so hat sie das mal formuliert. Sehe sie Wellen, habe das für sie nichts mit Welt zu tun, nur mit dem gerahmten Foto-druck, den sie als Teenager über ihrem Bett hängen gehabt habe.

In dem Dorf, in dem wir aufgewachsen sind, gibt es einen kleinen Moorsee. Einmal im Monat sieht man da einen Hecht schwimmen, so nah am Ufer, so un-beeindruckt, dass ein parkinsonkranker Rentner ihn mit bloßen Händen fangen könnte. Das Wasser ist im Sommer weich und trüb und sauber, spiegelglatt, keine fluoreszierenden Süßwasserfische, kaum Algen, nichts, was ekelhaft oder lebendig ist. Als Kind hat meine Schwester den See geliebt, wie alle Kinder. Mit fünfzehn begann sie, ihn zu verachten. Weil sie sich nach Schichten von Seeigeln sehnte, nach Wasser-lilien und dreckigem Schilf und Schlamm. Nach zer-fetzten Fröschen, die als Köder an Angelhaken aufge-spießt und im Wasser entsorgt wurden, solche Dinge.

Der See war zugefroren.

»Da muss ich immer an die Axt denken«, sagte meine Schwester.

Ich fragte, an was für eine Axt, und sie dann: »An die Axt von Kafka. Wo ist die Axt für das gefrorene Meer in uns.«

Ich sah sie fragend an. Kafkas gefrorenes Meer in uns kannte ich nicht. »Ich muss immer nur ans Schlitt-schuhfahren denken«, sagte ich. »Und genau das ist vielleicht der Unterschied zwischen Kafka und mir. Vielleicht sogar zwischen dir und mir. Ich hätte lie-ber die Axt als die Schlittschuhe. Kann mir aber beim besten Willen nicht vorstellen, dass Kafka lieber die

Schlittschuhe gehabt hätte.« Sie musste lachen und sah mich an. Ein Blick, den ich nicht kannte von ihr. Mir war in dem Moment nicht klar, ob es sich dabei um Neid oder Bedauern handelte. Inzwischen glaube ich, dass es Hass war.

DAS LAMM UND DAS GESPENST

Durch irgendein Versehen, irgendeine Fehleinschätzung, sind sie zu fünft nach Kitzbühel gefahren. Tschlix ist krank. Alles unterhalb ihres Kopfes zittert. Seit sie in den Bergen sind, stellt sie merkwürdige Veränderungen an ihrem Körper fest, Ausschlag am Rücken und in der Nähe der Furche, die Nasenspitze und Oberlippe miteinander verbindet. Ihr fehlt hier der Fachbegriff. Es ist der Abdruck, der entsteht, wenn ein Engel dir nach deiner Geburt den Finger auf die Lippen legt. Die Engel machen das, damit die Menschen aufhören zu schreien.

Am zweiten Morgen fällt ihr zudem eine Unregelmäßigkeit am Haaransatz auf. Gekräuselte Borsten, die ihr aus der Schläfe wachsen. Das kann eine Nachwirkung der Drogen sein oder mit ihrer Erkältung zu tun haben und mit dem Fieber, das sie in ihre neue Synthetikunterwäsche von Decathlon geschwitzt hat. Vielleicht ist es auch eine Reaktion darauf, dass sie am Gleis in Lend von einer hübschen Obdachlosen verflucht worden ist. Sie lag vor dem Snackautomaten und zitierte schreiend aus einem Traumprotokoll des kritischen Theoretikers Theodor W. Adorno: »Du bist die Märtyrerin des Glücks.«

Sie sitzen in einer Holzhütte. Skigebiet mit Liften und
so. Sie hören, wie das Frettchen auf dem Dachboden
im Kreis rennt. Sie unterhalten sich über die Entwick-
lungen im sich anbahnenden Krieg zwischen den USA
und Iran, sie unterhalten sich darüber, wie Wechsel-
duschen funktioniert, sie unterhalten sich über verkohlte Tierkinder auf Pressefotos von Buschbränden
und über die Kreuzwirkung von Milchsäure und Fruk-
tose, das einzige Thema, das eine konkrete Handlung
nach sich zieht, Abdellatif wird später hundertfünfzig Gramm Naturjoghurt in den Abfluss kippen, weil
er ihn mit geraspeltem Apfel kombiniert und sich im
selben Moment daran erinnert hat, dass das Helmut
zufolge »katastrophal« für den Darm sei, sie unterhalten sich darüber, ob Kaugummi Platz in der ayurvedi-
schen Küche habe und ob Frauen die besseren Staatschefs seien, nach einem kurzen Backgammonturnier
kommt die Frage auf, ob sie es gemeinsam innerhalb
der nächsten zehn Monaten schaffen könnten, den
amerikanischen Präsidenten auszuschalten.

Jeanne sagt Nein. Abdellatif, der Jeanne gegenübersitzt, sagt, dass Jeanne gleichzeitig zu weit und nicht
groß genug denken würde. Danach fällt sein Blick auf
die fünf iPhones. Sie liegen alle in der Mitte des Tisches.

»Hört ihr die Hubschrauber?«

»Ja.«

»Das ist der amerikanische Geheimdienst. Die hören uns ab.«

Esther sieht aus dem Fenster. Sie sieht, wie eine Flutlichtanlage die Piste erhellt. Paar Sekunden vorher hat sie einen Popel am Stuhlbein abgeschmiert. In jedem Ferienhaus muss sie etwas Organisches hinterlassen. Menstruationsblut auf den Hussen in Mexiko. Ausgehustete Schleimbröckchen auf der Ausziehcouch des ehemaligen Premierministers Georgiens, auch so eine Geschichte, der hat mal sein Gartenhaus bei Airbnb vermietet. Sie kann sich dieses Verhalten nicht abgewöhnen. Sie weiß wirklich nicht, was das mit dem Popel soll. Vielleicht weiß sie es doch. Sie hat das Bedürfnis, den anderen zu erzählen, was sie nachts geträumt hat.

Sie hat geträumt, dass sie sich selbst einen Zahn ziehen muss. Auf der Toilette eines Technoclubs, »of all places«, wie sie sagt.

Sie muss diesen Zahn ziehen, um einen Fremdkörper entfernen zu können, der durch das Gewebe und den Kieferknochen hindurch bis in die Nasennebenhöhle ragt und sie am Atmen hindert.

Sie erzählt, wie sie sich hochkonzentriert mit Hammer und Meißel das Gesicht aufschlägt und den Gegenstand durch die klaffende Wunde am Jochbein tatsächlich hinausgezogen kriegt. Es ist ein hartes, festes Rechteck, so lang wie ihr halber Daumen. Es ist ein Ghettoblaster. Ein kleiner Ghettoblaster aus Granitstein.

»Dann gehe ich zurück zur Tanzfläche, um euch den Ghettoblaster zu zeigen«, sagt sie. »Aber ihr seid alle doppelt so groß wie ich, deshalb kriegt ihr nicht mal mit, dass ich da bin.«

»War der an oder aus?«

»Der Ghettoblaster? Gute Frage. Er war an, hat geleuchtet.«

»Was lief?«

»Prince wahrscheinlich.«

»Welcher Song?«

Sie denkt nach. Sie schmeißt Holzscheite in den Ofen und denkt weiter nach, sie schließt sogar die Augen. Sie tippt auf *Let's go crazy.*

Dann erzählt Jeanne, was sie geträumt hat. Aber das sei im Grunde kein Traum gewesen, sagt sie, eher ein sich im Halbschlaf verselbstständigender Gedanke. Ein Gedanke über mit Schokolade überzogenes Muskelfleisch, das man in verschiedenen Härtegraden am Kiosk kaufen könne. Die Verpackung habe der von Hershey's geähnelt und sei so groß wie eine Mädchenschulter gewesen.

»Verspannter Trizeps in Zartbitter«, fasst Helmut nüchtern zusammen.

»Ganz genau«, sagt Jeanne.

Nach einer weiteren Partie Backgammon wenden sie sich wieder den Symptomen von Tschlix zu.

»Das ist dein angeschlagenes Immunsystem«, sagt Helmut. »Wie wenn du so eine offene Stelle im Mund hast.«

»Wie nennt man das?«

»Offene Stelle im Mund?«

»Aphthe?«

»Aphthe, richtig. Sekunde.« Helmut holt seinen Computer und geht auf www.dieaphthe.de. Er liest den anderen die verschiedenen Schreibweisen und danach unkommentiert die gesamte Internetseite vor. Dauert ungefähr zwanzig Minuten, vielleicht fünfundzwanzig. Tipps zur Behandlung, damit Betroffene wieder essen, sprechen »und das Leben genießen« können. Die Freunde hören interessiert zu. Von Helmut vertont geht das wirklich als gehobene Unterhaltung durch. Besonders der Abschnitt, in dem erläutert wird, worum es sich bei einer Aphthe überhaupt handelt.

»Hängt wohl mit Angriffen auf die Schutzschicht der Mundhöhle zusammen«, sagt er.

»Jetzt wird es richtig interessant für die NSA«, sagt wer anders. Mordkomplotte kriegten die ja dauernd mit, solide Maßnahmen gegen offene Wunden in der Mundhöhle hingegen nicht.

»Was haben wir den Terrormilizen voraus, was dem iranischen Geheimdienst? Wir wissen, wie man Aphthen bekämpft.«

Sie lesen sich Artikel aus der Lokalzeitung vor. Darüber, wie Leute im Schnee stecken geblieben und da zwei Tage später halb erfroren wieder rausgeholt worden sind von der Bergrettung. Es gibt auch einen Mann, der die falsche Abfahrt genommen hat und nicht mehr rechtzeitig gefunden worden ist, der ist leider gestorben.

Am nächsten Tag geht Abdellatif mit Esther zur Babypiste. Er will ihr Snowboarden beibringen. Aber er bringt es ihr nicht bei. Es ist eher so, dass sie sich mehrmals hintereinander auf die Fresse legt, und Abdellatif steht daneben und redet. Trotzdem beginnt ihr Körper zu verinnerlichen, was mit Wintersport gemeint sein könnte, nach zwei Tagen ist sie in der Lage, von einem Lift zum anderen zu fahren. Dabei hört sie ein Lied, bei dem sie immer an schneebedeckte Abhänge denken muss. Der Sänger wiederholt auf Englisch, wie gern er gerade high wäre und wie gern er gerade Sex hätte.

Am Ende der Woche berücksichtigt sie nicht, dass bei so einem hügeligen Gelände, wenn der Schnee eben nicht glatt und platt gewalzt ist, sondern wenn da Tiefschnee ist, also, dass man dann zwar durch den Tiefschnee den Berg runterkommt, aber unten keinen Schwung mehr hat und einfach stecken bleibt.

Sie ist ohnmächtig. Als sie wieder zu sich kommt, liegt sie auf dem Rücken, sie sieht nur weiß und kann sich nicht befreien. Sie ist so tief im Schnee versunken, dass nichts von ihr mehr oben rausguckt.

Großes Erlebnis, denkt Esther. Und sie denkt, wenn ihr das jetzt passiert wäre ohne Handy, dann würde sie in diesem Schnee nicht mehr gefunden werden, dann müsste sie sterben. Sie spürt ihr rechtes Bein nicht und holt ihr Handy aus der Arschtasche.

Der Akku ist leer.

Dann sieht sie gefrorenes Blut. Sie sieht ihren Oberschenkelknochen, der senkrecht aus dem Schneeanzug ragt, und kotzt sich selbst ins Ohr, eine Fontäne aus Erbrochenem knallt an die Schneedecke und läuft zurück auf ihr Gesicht und an den Wangen hinab in die Gehörgänge. Ihr fällt dazu das Ende des Princesongs ein, der auf dem Ghettoblaster lief, auf dem winzig kleinen Ghettoblaster in ihrem Traum.

Prince keucht da drei Oktaven zu tief, wie von Dämonen besessen, nach einem Gitarrensolo, das sich wie ein letztes, diabolisches Aufbäumen anhört: »Take me away.«

Sie hat ein Fenster zum Himmel. Es ist so groß wie zwei Kinderhände. Sie sieht sich den Himmel an, fast schwarz und ein bisschen lila, so wie Wolken bei schlechten Luftverhältnissen manchmal in der Dämmerung leuchten, ein Phänomen, das nicht vielen Menschen auffällt. Es müssen Stunden vergangen sein. Schmutz. Schmutz, in dem sich Neon spiegelt, Schmutz, der alles in einen violetten Schimmer taucht. Mehr sieht sie nicht. Dann kommt Nebel. Der Nebel beginnt, sich in einen unheilvollen Strudel zu verwandeln, das ist ein Nebel, aus dem die Astralkörper verstorbener Diktatoren emporsteigen könnten. Würde sie nicht wundern, wenn genau das jetzt passieren würde. Sie geht nicht unbedingt davon aus, dass es passieren wird. Aber sie weiß, dass es passieren könnte. Sie weiß es wirklich. Sie hat weder Drogen genommen, noch ist sie anderweitig mental beeinträchtigt, sie ist im Vollbesitz ihrer geistigen Kräfte und trotzdem offen für die Annahme, dass die Welt, in der sie lebt, aber nicht mehr lange, dass also die Welt, in der sie gerade zu erfrieren beginnt, nur das Nebenprodukt einer Welt aus Energien ist, die ihre Vorstellungskraft übersteigen und deshalb von ihrem Bewusstsein zu dem gemacht werden, was sie mal mit fünf oder sechs als Märchenwald abgespeichert hat, irgendwelche Elche, Zentauren, Fabelwesen. Nee, eher Elche. Noch eher Hirsche. Tendenziell männlich. Vielleicht auch ein paar Trolle mit Schlapphüten, die nicht sichtbar, aber anwesend sind. Die sind da. Sie spürt die Anwesenheit der Trolle und muss lachen, richtig laut. Dann wird sie müde. Sie fragt sich, warum Small Talk zwischen elitären Westlern immer übergangslos vom Weltgeschehen zum Thema Essen abdriftet, zuerst Atomabkommen, dann die detaillierte Schilderung, wie eine Garnele flambiert oder Kreuzkümmel geröstet wird. Das ist ein simpler Überlebensinstinkt, denkt sie, Essen, es geht da echt ums Überleben, um nichts anderes, sie hat Hunger. Und dann denkt sie kurz noch an den Popel. Sie denkt mit aller Kraft an diesen Popel am Stuhlbein. Vielleicht ist dieser Popel eine Reaktion auf die Bestrebungen, die Welt zu einem System zu machen, das zweckdienlich, plausibel und bis ins Letzte kalkulierbar ist. Als wollte sich ihr Körper in einem stinkenden Brei aus organischen Ausscheidungen auflösen, um nicht zu einer Maschine werden zu müssen. Sie sieht die Gesichter der anderen vor sich, die Gesichter von Jeanne und Abdellatif und Tschlix und Helmut, ihre Körper kommen ihr wie unter größter Hitze schmelzende Bronzestatuen vor, flüssiges Eisen, flüssiger Teer, zusammen mit allem Flüssigen, was einen Organismus am Leben hält und was außerhalb dieses Organismus nicht mehr stattfinden darf, Blut, Scheiße, Eiter, Popel. Warum darf das denn alles nicht stattfinden, fragt sie sich. Weil es den Maschinen, oder den Maschinen in uns, schmerzlich in Erinnerung ruft, dass sie nicht sterben können. Sie können kaputtgehen oder zerstört werden. Aber sie können nicht sterben. Weil sie nicht am Leben sind.

Das Letzte, was sie sieht, bevor sie einpennt, sind Bäume. Kahle Äste in einem weißen Sturm. Schwarze Fasern, die zu Herzkranzgefäßen werden, zu ihren eigenen. Sie weiß, dass sie nicht einschlafen darf. Deshalb versucht sie zu beobachten, wie diese Äderchen kristallisieren. Sieht den sich aufspaltenden, ihren Herzmuskel als feines Netz überziehenden Gefäßen dabei zu, wie sie zu Edelsteinen werden und zerbersten, vor einer Front aus Watte, die dichter und dichter und langsam zu Beton wird.

Dann reißt sie die Augen auf. Es ist die größte Anstrengung, die sie jemals auf sich genommen hat. Sie reißt die Augen auf und sieht ein Stück von Helmuts roter Daunenjacke. Sie hört die Stimmen der anderen und wie sie zu verzweifeltem Kreischen werden, dann kommt die Erinnerung, wie Helmut am Vorabend von der Digitalministerin Taiwans erzählt hat und von, ja, weiß sie nicht mehr, von irgendwas, sie denkt an seinen Blick in den Rückspiegel auf der Hinfahrt, solche Dinge, und dann daran, dass er jeden Morgen heißes Kokosöl gurgelt, sie denkt an all die Rituale, die sie sich zur Beschwichtigung des lauerndes Todes angeeignet haben, früher hat man ein Reh geopfert oder sein Erstgeborenes, heute macht man so viele Sit-ups, dass die gesamte Wirbelsäule von schwarzen Blutergüssen überzogen ist, sie denkt an Tierversuche, an Mäuse, die kopfüber an der Decke ihres Käfigs aufgehängt werden, sie weiß nicht, ob es dafür eine spezielle Vorrichtung gibt oder ob irgendeine Fachkraft die Schwänze der Mäuse einfach am oberen Gitter festbindet, die Mäuse kriegen jedenfalls Antidepressiva, und ihre einzige Reaktion besteht darin, dass sie aufhören zu zappeln, die Medikamente sorgen dafür, dass sie nicht mehr kämpfen wollen, dass sie sich damit abfinden, kopfüber von der Decke zu baumeln, daran denkt sie. Und sie hat keine Kraft mehr, sich zu fragen, warum sie daran denkt.

Es gibt Menschen, denkt sie dann, die sich einbilden, Teil einer revolutionären Umwälzung zu sein, und die Verhältnisse dadurch, dass sie sie umzuwälzen versuchen, nur manifestieren. Und es gibt Menschen, das denkt sie beim Blick auf Helmuts Hand, es gibt Menschen, die wirklich Teil einer Umwälzung sind, oder zumindest dazu imstande, ein bisschen was wegzukratzen von der Grenze zwischen echter Auflehnung und der systembestätigenden Auflehnung, sie spürt, da in diesem Loch, im Nebel, der inzwischen dunkelgrau ist, sie spürt, dass zwei ihrer Freunde auf der einen Seite dieser Grenze stehen und zwei von ihnen auf der anderen Seite, aber sie ist sich nicht sicher, wer von ihnen wer ist, registriert nur mit allerletzter Kraft, dass die gerade zu viert etwas zu bilden versuchen, das man Menschenkette nennt. Sie wollen sie retten. Sie halten sich an den Händen fest, um sie aus dem Schnee ziehen zu können. Aber sie schaffen es nicht. Sie sind einer zu wenig.

Sie hört sich schreien. Dann denkt sie an ihre Mutter und an ihren Vater. Und an das Beste, was sie je gegessen hat, Vanillejoghurt mit zwei zerbröselten Zungentattoos. Das sind so kleine Kreise aus Esspapier mit Motiven, die abfärben, Lebensmittelfarbe, man hat dann Tiere auf der Zunge. Ihr Boyfriend und sie haben sich die manchmal unter den Gaumen geklemmt. Im Wald. Auf dem einen war ein Lamm. Und auf dem anderen ein Gespenst.

*

Nachts steht Abdellatif rauchend vor der Hütte. Er blickt auf die Wolken zwischen den Bergspitzen. Der erste Gedanke, der sich bei dieser Aussicht aufdrängt, ist kein Ölgemälde. Es ist auch keine Kindheitserinnerung oder so. Es ist eine Zeile aus einem Lied von Helge Schneider, das mal jemand in seiner Küche als Ohrwurm hatte, ein neurodermitischer Drogendealer namens Dustin, wenn er sich richtig erinnert. *Warum ist alles so grau? Der Himmel ist mit dunklen Wolken verhangen, seitdem du fortgegangen bist.*

YOU HAVE KILLED ME
AND THERE IS NO POINT
SAYING THIS AGAIN, BUT
I FORGIVE YOU,
I FORGIVE YOU

Der Mann betritt Dustins Haus, irgendwer hat Geburtstag, er weiß, was ihn erwartet. Wasserpfeife aus Gartenschläuchen, sonnenverbrannte Typen auf Speed. Antifasticker neben Hakenkreuzen auf Pressholzwänden, vermutlich wird jemand zu Hardrock unter einer Plane grillen. Es gibt in diesem Kaff keine Autobahnauffahrt, nur einen See und eine Ansammlung von halb verputzten Häusern. Dazwischen Trampelpfade aus Schlamm, die ein paar Wochen später trocknen und zu Staub werden. Dann glüht der Ort in der Sonne. Und die Wildschweine kommen. Und die Menschen spüren eine Art unsystematische Niedergeschlagenheit, die wenig mit dem zu tun hat, was sie als Gefühl bezeichnen würden. Die Wildschweine sind riesig, sie sehen aus wie Zeppeline auf Kokain.

Es geht hier um zwei Menschen, die nicht zusammen sein können, obwohl sie sich lieben.

Der Mann klopft sich den Dreck vom Anzug. Er ist neunzehn Jahre alt. Er hat zwei Schwestern und heißt Minute.

Im Windfang liegt ein Haufen verdreckter Turnschuhe. Alle Gäste sind auf Socken und kurz davor, im Vollsuff auf einen der schlecht imitierten Perserteppiche zu kacken. Er lässt seine Nikes an.

Ihn beschleicht die Vermutung, dass man an diesem Ort die Tür zum Klo nicht abschließen kann. Diese Korrelation ist ihm schon häufig aufgefallen. In Haushalten, in denen Gäste ihre Schuhe ausziehen müssen, gibt es selten ein Schloss an der Badezimmertür. Das sind verschiedene Auswirkungen ein und derselben Eigenschaft, Minute setzt sich zum Ziel, heute Abend herauszufinden, um welche Eigenschaft es sich hier genau handelt. Sein soziologisches Interesse vergeht jedoch schnell. Ein Typ kommt durch die Haustür, in strahlend weißen Schuhen. Als er sie auszieht, fragt Minute, ob die Schuhe neu seien, und der Typ sagt: »Ne.« Und dass bei ihm einmal im Monat Sneaker-Waschtag sei, und der sei heute gewesen. Das sind keine Kleinbürger, denkt Minute. Das sind Freaks.

Links vom Windfang geht die Tür zur Wohnküche ab, daneben steht ein Thron. Ein indischer Thron. Man weiß nicht, wo Dustin den herhat. Die Nazi-Flagge hängt dahinter, gehört einem von den Mitbewohnern. Der findet das witzig oder krass, oder was weiß ich, die anderen nicht so. Wände waren ursprünglich mal gelb. Inzwischen ist jeder Quadratmillimeter mit territorialen Markierungen beschriftet, die Jungs haben sich Permanentmarker beim Sparfuchs geholt und alles zugetaggt, so ist das bei denen zu Hause. Und dann hat einer von denen von seiner Arbeit irgendwann noch so Tape mitgebracht. Mit Klettverschluss. Doppelseitiges Klebeband mit Klettverschluss. Und dann haben die angefangen, alles an die Wände zu kletten. Ganz geil. Immer wenn man was braucht, ist das an der Wand. Fernbedienung, Feuerzeug. In der Küche kümmern sich die Mädchen um den Abwasch. Die Jungs besaufen sich. Die Mädchen besaufen sich auch. Küche ist komplett DDR. So wie das früher bei Minutes Uroma aussah. Großeltern schon zu modern dafür. Messerchen. Schälchen. Berge von Fleisch. Für Minute gibt es eine Aluschale mit Grillkäse. Er lässt ein Wasserglas fallen und bleibt bis sechs Uhr morgens, gegen Mitternacht umringen ihn acht Frauen, von denen die Hälfte auf Ecstasy ist. Das Ecstasy kommt von Dustin, nimmt Minute an. Dustin dealt mit Drogen, sonst könnte er sich dieses Haus nicht leisten. Minute knutscht im Badezimmer mit einer der Frauen. Es gibt ja so Menschen, die vor Aufregung ganz rote Backen kriegen. Richtig mit Umrissen. Und diese Frau ist so ein Mensch. Blonder Pferdeschwanz. Sieht aus wie zwölf. Hat auch einen Longsleeve an mit Snoopy drauf. Sie zieht den aus. Ist zugehackt bis zu den Schultern, beide Arme. Aber irgendwie lieb. Nicht hart. Schleifen und Dreiecke und Blumen. Deko. So zutätowiert mit Deko. Sie drückt Minute an die Fliesen und fasst ihm zwischen die Beine, aber die Naht seiner Hose spannt sich paar Zentimeter zu weit unten. Er merkt, dass sie nur ein Stück Jeans in der Hand hat, sonst gar nichts.

Im Moment dieser Feststellung kommt Dustin ins Badezimmer. Er scheint einen Kotzeimer ausleeren zu wollen. Es ist Minute unverständlich, warum er hier lebt. Wangenknochen, die wie Steinblöcke aus seinem Gesicht ragen, ein großer, unversehrter Mensch, sieht bisschen nach soldatischen Tugenden aus. Als hätte sich eine bildschöne Militärhistorikerin von einem Gangsterboss schwängern lassen. Dustin ist nüchtern. Er grinst Minute an und hebt auf dem Weg zum Klo kurz die Hand. Minute hört sofort auf zu knutschen. Soldatisch ist das richtige Wort, denkt er. Soldatischer Kiffer, der als Teenager Gedichte geschrieben hat. Er sieht ihn nicht zum ersten Mal, aber zum ersten Mal richtig. Dustin hat ein Tattoo. Drei Buchstaben an der Innenseite des Oberarms, die nach Kinderschrift und selbst gestochen aussehen.

»Das ist meine Freundin«, sagt Dustin. Er grinst noch immer.

Minute guckt an den Augen des Mädchens vorbei in seine. Die sind abwechselnd grün und braun und verschwimmen, bisschen wie Wasser. Auf keinen Fall Swimmingpool. Aber Wasser.

»Ich lass sie hier«, sagt Minute.

»Gut«, sagt Dustin.

Minute sucht sich jemand anderen. Das Mädchen hat schwarze Haare. Als sie zusammen abhauen, steht Dustin im Hausflur. Dunkles Hemd, Haare zusammen. Er lehnt an seinem Waffenschrank. Minute lächelt, als er an ihm vorbeiläuft, dabei achtet er auf die Haut von Dustins Handflächen. Er weiß nicht, warum er das tut, das ist echt nur Haut.

Der Typ, der Minute und das Mädchen nach Hause fährt, sieht rechtsradikal aus. Ist aber linksradikal. Mit langem Bart und so Haargummis drin. Glatze. Flesh-tunnels.

»Ich wusste nicht, dass Nazis Fleshtunnels haben«, sagt Minute.

»Ich bin kein Nazi.«

»Was denn dann?«

»Mein Bruder«, sagt das Mädchen.

Ihr Bruder sagt: »Scheiße. Guck mal.«

Minute zwingt sich, die Augen aufzureißen. Im Licht des Frontscheinwerfers sieht er ein Gewimmel aus Wildschweinen, wie auf einem Fahndungsfoto, schwarz und weiß und zu viel Kontrast. Hinten die Frischlinge. Das sind mindestens zwanzig, die angestrahlten Ärsche wippen panisch auf und ab. Die Horde galoppiert in den Wald, paar Sekunden, bevor die Karre sie überholt hätte.

Zwei Meilen weiter steigt Minute aus dem Auto. Er sieht sich selbst in sein Haus gehen. Er lebt hier, seit er fünfzehn Tage alt ist. Das Mädchen folgt ihm. Sie findet das Haus dreckig. Minute lallt, dass es nicht dreckig sei, nur alt.

Es dämmert, und ihn weckt ein Klopfen. Er sieht eine seiner Schwestern im Türrahmen stehen. Es ist die kleinere. Die ist sieben. Oder wird bald sieben. Guckt ihn an, als hätte sie gerade einen Axtmörder im Badezimmer eingesperrt.

»Was hast du?«, sagt Minute.

»Eine wichtige Frage«, antwortet sie. Er schließt die Augen und nickt.

Sie fragt: »Was ist eine Städtepartnerschaft?«

Minute schläft wieder ein. Er träumt, dass Dustin verblutet und er den Krankenwagen rufen muss. Aber auf der Tastatur fehlt die Null. Noch bevor er mittags die Augen öffnet, versucht er, den Grund für seinen körperlichen Zustand zu identifizieren. Ihm fällt keiner ein, er weiß nicht, warum er seine Prinzipien missachtet und zu viel gesoffen hat, spürt bloß ein vages Gefühl der Sehnsucht, das nichts mit dem Körper neben ihm zu tun hat. Er hört den Toaster und das Radio. Seine Schwestern scheinen Fischstäbchen zu toasten, dazu läuft Deutschlandfunk. Das Mädchen, das er mit nach Hause genommen hat, ist wach und gähnt. Das Erste, was sie zu ihm sagt, ist: »Beeindruckend.«

Minute fragt: »Was denn?«

»Du hast das Fenster abgedunkelt. Dann hast du dich ausgezogen. Dann hast du mich ausgezogen.«

Minute und das Mädchen gehen schwimmen. Es ist dreizehn Uhr. Die Fremden aus der Stadt marschieren in Leinenhosen am Ufer entlang und bestimmen Laubbäume, sie atmen metertief ein und ewig lang wieder aus, während die Anwohner zu Hause sitzen und sich die Augenbrauen abrasieren oder ihre Ohrlöcher weiten lassen, manchmal denkt Minute, die Leute von hier wollen die Natur aus sich rausschneiden. Er stellt sich auch vor, aus welcher Stelle ihres Körpers, linke Seite, irgendwo bei der Bauchspeicheldrüse. Der See ist ein künstlicher See. Früher wurde da, wo jetzt Wasser ist, Braunkohle abgebaut. Das macht nichts. Sonne knallt. Das Mädchen steigt aus dem Wasser. An ihrem String hängen Algen. Ein Städter in Badehose beobachtet irgendetwas im Schilf. Minute fragt, was los sei, der Mann sagt, es gehe um einen Vogel. Dann zeigt er auf den Vogel. Ein Blässhuhn. Schwarze, zarte Ente mit Taubenaugen, die man an etwas erkennt, das wie ein aus der Stirn hervorbrechendes Stück Gehirn aussieht. Allerdings in strahlendem Weiß. Gehirn aus Porzellan. Es habe irgendwas mit dem Fuß, sagt der Mann, dann fragt er, ob Minute die Nummer vom Notdienst für Wildvögel habe und ob es so etwas überhaupt gebe. Hat Minute nicht, weiß er auch nicht, aber er verspricht dem Mann, etwas zu unternehmen. Er weiß nicht, warum er das verspricht. Das Mädchen steht abseits, zieht ihn irgendwann zurück nach Hause, halbe Stunde später liegen sie auf seiner Ausziehcouch und zocken.

»Scheiße«, sagt Minute. Er legt den Controller hin. »Stell dir das mal vor.«

»Was denn?«, fragt sie.

»Du liegst mit verfaultem Bein im Unterholz. Und dann kommt ein Vogel vorbei. Hundertmal so groß wie du, aber zu faul, dich zu retten.«

Das Mädchen zuckt mit den Schultern, sie betrachtet die Rettung dieses Vogels nicht als ihre Pflicht.

Seine Schwester schon. Nicht als die des Mädchens, auch nicht als ihre eigene, aber als die von Minute. Sie kommt mit einem Umzugskarton vom Dachboden, gibt ihm wortlos zwei Handtücher und ein bisschen Küchenpapier und sagt, er solle das Blässhuhn da reinsetzen.

»Ich habe noch nie einen Vogel angefasst«, sagt Minute zu seiner Schwester.

Sie zuckt mit den Schultern, holt Plastikhandschuhe aus dem Küchenschrank. Dann fragt sie ihn, ob er sich nicht an die Notaufnahme der Tierklinik erinnern würde, da hätten sie doch beim Warten auf die Behandlung seines Schäferhundes früher dauernd irgendwelche Feuerwehrmänner mit verletzten Schwänen rumstehen sehen. Er solle das Blässhuhn da einfach abliefern. Sie ist zwölf.

»Okay«, sagt Minute zu seiner Schwester. Und dann noch: »Müssen da Luftlöcher rein?«

»Nö. Die Klappen hier sind ja, äh, durchlässig.«

»Bist du sicher, dass ich den Vogel so transportiert kriege?«

»Geht nicht anders, wir haben leider keine Blässhuhn-Transportbox auf dem Dachboden stehen.«

Minute rennt zurück zum See, das Mädchen folgt ihm. Schon aus der Ferne sieht er, dass das linke Bein des Blässhuhns gleich abfallen wird, es ist doppelt so dick wie das rechte und tiefschwarz, hat was von einer Teufelskralle, einer Teufelskralle aus mit Schleim gefüllter Knete. Minute zieht sein T-Shirt aus und kämpft sich zwischen Gestrüpp und Schilf zu dem Vogel durch, hat aber nicht damit gerechnet, dass der sich erschrecken und abhauen würde. Er muss dabei an die Wildschweine von gestern denken, er weiß nicht, warum. Das Blässhuhn hüpft auf einem Bein ins Unterholz. Das Mädchen ruft irgendetwas, sie ekelt sich und steht deshalb so weit weg, dass Minute sie nicht hören kann. Minute versucht, das Blässhuhn aus dem Gebüsch in Richtung Weg zu scheuchen. Je näher er ihm kommt, desto stärker wird der Druck auf seinen Ohren, kurz vor Schwindel, der Vogel ist nicht zu retten, Minute weht Fäulnis an, fühlt sich bisschen so an, als würden sich in einem Raum ohne Tür die Wände auf ihn zubewegen. Das Blässhuhn sitzt jetzt unter einem Strauch. Minute steht davor. Weiße Putzhandschuhe an geballten Fäusten. Er weiß nicht, wie er das Ding anfassen soll, er weiß nicht, wovor er Angst hat. Davor, dem Blässhuhn die Knochen zu brechen. Davor, dass das schwarze Bein abbricht und ihm in die zu weite Badehose fällt.

Er will aufgeben. Es ist ihm egal. Es ist ihm nicht egal, aber er hat keinen Bock, sich zu verausgaben. Eine Hand fasst Minute an. Linke Schulter. Er denkt, das wäre die Hand von dem Mädchen. Aber das ist nicht die Hand von dem Mädchen, das ist die Hand von Dustin. Diese Feststellung durchfährt Minute wie Starkstrom. Dustin joggt gerade. Er hat Minute kurz berührt und rennt jetzt weiter. Wird nach fünfzehn Metern langsamer, das ist ungefähr der gleiche Abstand, den die Wildschweine zum Auto hatten, bevor sie letzte Nacht panisch in den Wald geflohen sind. Er trabt auf der Stelle und scheint zu überlegen, was er tun soll.

Minute muss lachen. Dustin sieht ihn an, Mischung aus beiläufig und ekstatisch, sein Gesicht ist nur Augen. Dann rennt er weiter. Die Sonne geht weg. Minute beugt sich zu dem Huhn und hebt es auf. Er setzt es in den Karton. Beim Ausatmen stellt er fest, dass er seit Dustins Berührung die Luft angehalten hat.

Auf dem Weg zur Tierklinik setzt Minute das Mädchen zu Hause ab. Sie fragt, wann sie ihn wiedersehe, und er antwortet, dass er die nächsten Wochen beruflich viel zu tun habe.

»Was machst du denn?«

»Onlinepoker.«

Seine Antwort auf die zweite Frage entspricht der Wahrheit, die Antwort auf die erste Frage nicht. Das Mädchen glaubt ihm die falsche.

Er liefert den Karton bei der Tierklinik ab, guckt aber nicht noch mal rein. Er fährt mehrmals im Kreis um sein Kaff herum, so lange, bis er den Eindruck hat, dass es gleich dämmern wird. Dann parkt er vor der Reichskrone, einem frei stehenden Flachbau zwischen Sonnenstudio und Edeka. Gegenüber halt Kegelbahn. Überall Frakturschrift, sieht alles richtig braun aus, ist es auch. Er weiß nicht, warum er hier parkt, genauso wenig kann er sich erklären, warum sich schon wieder das Bedürfnis nach Vollsuff in ihm ausbreitet.

Minute denkt an Dustin, das heißt, er stellt sich vor, wie Dustin Drogen vertickt. Arbeit deformiert die Persönlichkeit. Das hat sein Vater früher gesagt. Minute betrachtet sich selbst als Bestätigung dieser These. Er verdient Geld, weil er ein Glücksspiel durchschaut hat

und besser beherrscht als ein Großteil der Menschheit, er bezwingt den Hedonismus der anderen durch
angeborenen mathematischen Spürsinn, er verarscht
im Grunde alle, die mit ihm spielen wollen. Die wollen
sich aber auch alle verarschen lassen. Dustin, denkt
Minute, verkauft Menschen etwas, das sie nicht brauchen. Das sie unter Umständen töten kann. Bei so
jemandem muss man aufpassen, denkt Minute. Er
denkt das, weil er weiß, dass Menschen bei ihm auch
aufpassen müssen.

Als Minute besoffen nach Hause kommt, schlafen
seine Schwestern auf dem Sofa, Gerichtsshow im
Fernsehen, eher die Wiederholung einer Gerichtsshow, es ist Mitternacht. Minute trägt zuerst die kleine
Schwester ins Bett. Die große wacht auf, bevor er sie
hochheben kann. Sie murmelt mit halb geschlossenen
Augen, dass sie selbst laufen könne, das sei kein Problem, er müsse sie nicht tragen, er trägt sie selbstver-
ständlich trotzdem.

»Was ist mit dem Vogel?«, fragt sie. Er spürt ihr
Kinn auf seiner Schulter abwechselnd leichter und
schwerer werden. Sie gibt sich Mühe, wach zu bleiben.

»Gerettet«, antwortet Minute.

»Gut«, sagt sie.

Er entschuldigt sich, er weiß nicht genau, wofür, für
alles.

»Ist nicht schlimm. Du hast dem Vogel geholfen.«

Nachts wird er zweimal hintereinander von Schreien
wach. Gequietsche im Garten, dann hört er etwas ga-

loppieren. Er guckt aus dem Fenster. Ein Wildschwein sitzt in der Hecke vor dem Gartenzaun. Minute vermutet, dass da noch ein zweites ist. Er hat recht. Es taucht hinter dem toten Apfelbaum auf und sprintet grunzend von einer Seite der Wiese zur anderen, immer hin und her. Aus der Richtung des Sees kommen drei weitere. Sie suchen nach Regenwürmern. Vielleicht stirbt auch gerade eins von denen, das würde dieses markerschütternde Kreischen erklären.

Am nächsten Morgen ist der Garten im Arsch, die Wildschweine haben den umgegraben. Sie haben den kompletten Rasen aufgewühlt. Minutes Schwester vergleicht das fachmännisch mit der Oberfläche einer Maulwurftorte. Das sind siebentausend Euro Schaden. Minute wird den nicht begleichen können.

Er sieht Dustin am nächsten Wochenende wieder. Überall die Spuren der Schweine, zwischen den Häusern, auf den Wiesen, in den Beeten. Irgendjemand hat Geburtstag. Minute schleppt sich mit ein paar Jungs die Straße zu Dustins Haus entlang, er googelt Hausmittel gegen Herpes und den Begriff »Sonderverwaltungszone«. Die anderen unterhalten sich über Lieferdienste. Pizza Noir sei ganz gut, obwohl der online nur drei Sterne habe. Sie kommen am Gartentor an. Er macht sein Telefon aus. Hinter dem Tor liegt ein Rechteck aufgewühlter Vorgarten. Nichts als Erde. Trotzdem kommt es Minute wie unbezwingbares dschungelartiges Dickicht vor, als müsste er sich mit einer Machete den Weg zur Tür freischlagen. Er lässt routiniert seine Schuhe an und sieht Leute

Dart spielen und Dustin durchs geschlossene Fenster kiffend auf der Terrasse stehen. Fünf Dartscheiben, voll profimäßig, jemand rennt mit einer Strichliste durch die Gegend. Dustin dreht sich um. Minute dreht sich auch um, zu einer Frau, die hinter ihm steht. Minderjährig, besoffen genug, um ihn anzusprechen. Sie sagt Hallo, sortiert dabei ihre dünnen Goldkettchen und erklärt ihm auf die Frage, warum es so leer sei hier unten, dass das Geburtstagskind gerade von seinen Kumpels zu einem Bad in achtzig Litern Tütensuppe gezwungen werde. Deshalb seien alle im Badezimmer im ersten Stock. Minute könnte sie jetzt küssen. Hört aber die Terrassentür aufgehen und Dustin zu laut einatmen. Minute will nach seiner E-Zigarette greifen. Er hat eine E-Zigarette dabei, die beult seine linke Hosentasche aus, danach greift er, ich wiederhole mich. Dustins Blick trifft Minute und wandert nach unten.

»Was ist das? Dein Schwanz?«, fragt er.

»Richtig«, sagt Minute.

»Größe ist gut. Aber leider falsche Seite.«

Sie gehen in eins der Zimmer. Da ist niemand. Dustin hat eine Flasche Wodka in der Hand, macht die Tür zu und lässt sich, ohne die Schuhe auszuziehen, auf das Bett fallen, ein Bierkastenbett, also eine Matratze auf Bierkästen. Daneben ein Aquarium. So ein ganz teures.

»Ist nicht dein Zimmer, oder?«

Ne, ist es nicht. Ist es echt nicht. Dustin schwört Minute, dass das hier nicht sein Zimmer ist. Möbel alle schwarz. Und ein Poster. Das einzige Filmplakat der

Welt, das man sich wirklich nicht hinhängen darf. *Pulp Fiction.* Die beiden Typen mit den Knarren. Aber mit Gorillamasken auf. Wo man denkt, warum jetzt auch das noch. Warum noch Gorillamasken.

Dustin guckt nicht Minute an, sondern die Decke. Atmet tief ein, beginnt dann übergangslos in so einer gedämpften, ziellosen Konzentration, über sein Verhältnis zu Geisterbahnen zu monologisieren. Er hätte keine Angst vor der Geisterbahn als solcher, eher vor einem Stromausfall in der Geisterbahn. »Ich bin stoned«, entschuldigt er sich, »ist dir langweilig?«

»Null«, sagt Minute.

Dann bricht Dustin eine Pille auseinander, Minute sagt Ja, jeder nimmt eine Hälfte. Es riecht in dem Zimmer nach irgendwas Drolligem, irgendwie nach Tier. Also, es stinkt nicht nach einem Tier, aber es riecht da, sagen wir: ungewöhnlich. »Das ist die Suppe«, sagt Dustin. Der Dunst von in Wasser aufgelösten Zusatzstoffen und Badeschaum von Rossmann, das ganze Haus plötzlich ein mit künstlicher Hühnerbrühe gefülltes Aquarium, bisschen Rosenduft, dazu das Grölen der Männer aus dem ersten Stock, Dustin verdreht die Augen. Erzählt Minute dann, dass er nach Berlin ziehen wolle und versuche, Therapie zu machen. Er hat drei Brüder, alle im Gefängnis. Minute erzählt, dass er in Berlin aufgewachsen sei und seine Eltern Künstler gewesen seien und seine Schwestern nach ihren Lieblingsfarben benannt hätten, Indigo und Safran.

»Ich dachte, Safran ist ein Gewürz.«

»Ja, aber auch eine Farbe.«

»Ist Minute eine Farbe?«

»Adoptiert.«

Dustin nickt.

»Ich mach jetzt Iron Maiden an«, sagt er dann. Handylautsprecher. *The Trooper.*

»Merkst du irgendwas?«, fragt er.

Minute sagt Ja. Dustin legt sein Handy so hin, dass der Sound besser wird. Dann spricht er über Iron Maiden. Und die Besetzung Sarajevos durch die Armee der bosnischen Serben Mitte der Neunziger. Minute denkt, er höre nicht richtig.

»Mitten in der Besetzung Sarajevos«, sagt Dustin auf Ecstasy, »als die Serben da immer die Leute auf der Straße abgeknallt haben, diese Scharfschützen, wirklich furchtbar das Ganze, da, ähm, gab es eine interessante Gruppe von Feuerwehrmännern.«

Er trinkt Wodka und überprüft in Minutes Gesicht, ob er ein Mensch ist, der zuhören kann. Wenn Minute irgendetwas kann, ist es zuhören.

Dustin sieht das. Er fährt fort. »Die da eben immer im Einsatz waren. Und wenn die Sperrstunde kam, abends, haben die sich hingesetzt, Karten gespielt, zusammen Bier getrunken und so weiter. Und in dieser kleinen Station, wo die sich versammelt haben abends, wo ihre Firetrucks waren und die Ausrüstung, die haben sie ›Voodoo Lounge‹ genannt, aus Spaß. Ja. Und kurz darauf ist eben dieses neue Album von den Stones rausgekommen, das hieß auch *Voodoo Lounge.* Und dann hat der eine gesagt, das waren nämlich zum Teil auch Musiker, oder die wussten auf jeden Fall viel über Musik und haben immer Musik gehört, halt so bosnische Feuerwehrmänner, Leute, die dort ihr Leben verbracht hatten, und es gab ja in diesem Hotel westliche Fotografen und so weiter, und Susan Sontag war ja auch mal da, jedenfalls hatte einer von den Feuerwehrmännern die Idee, man müsse die Rolling Stones einladen. Damit die da ein Konzert geben. Und dann, ähm, haben sie die Stones gefragt. Es wird immer behauptet, Jagger hätte das sofort abgelehnt. Ich weiß nicht, ob das stimmt. Dann haben sie wohl noch Motörhead gefragt, und die haben auch abgelehnt. Und die Feuerwehrmänner waren aber besessen von dieser Idee, die haben gedacht, hier muss doch irgendjemand in dieser schrecklichen Situation mal ein richtig tolles Konzert geben. Und dann haben sie eben Iron Maiden gefragt, und die haben gesagt: Ja, klar. Die haben ja diesen verrückten Sänger. Und dann haben die das wirklich hingekriegt. Die haben das geplant mit irgendeinem irischen oder schottischen oder sonstigen Kriegsfotografen, der dann einen Kontakt über London hergestellt hat, und dann wurde gesagt: Okay, Iron Maiden fliegen jetzt nach Split, also nach Kroatien, und dann kommt ein Helikopter und bringt sie nach Sarajevo rein. Und dann sind sie also nach Split und der Helikopter, der losgeflogen ist, nach Split, um sie zu holen, ist auf dem Weg abgeschossen worden. Der Pilot hat überlebt. Aber es gab keinen Helikopter mehr. Dann haben die britischen Truppen, die da standen, die das sowieso alles für eine Schnapsidee gehalten haben, die haben gesagt: Also nee, hört mal Jungs, der Helikopter ist weg, packt doch einfach eure Taschen und fahrt wieder nach Hause.« Und Iron Maiden haben gesagt: Nö.

Und dann sind die einfach in so einen Laster gestiegen und durch dreihundert Kilometer Kriegsgebiet nach Sarajevo gefahren und haben dann dieses irre Konzert gegeben, und ich finde das so –« Dustin hält inne und die Luft an, mit vor Gänsehaut schmerzverzerrtem Gesicht, Drogen knallen voll rein gerade, es dauert paar Sekunden, bis er sich entspannen und weiterreden kann. »Ich kriege da immer Gänsehaut, wenn ich das erzähle. Weil das so ...« Wieder Krampf im Gesicht. Er müsste den Satz mit »cool ist« vervollständigen, lässt das aber. Paar Sekunden vergehen, bevor er weitermacht.

Minute ist auch total fertig. Sieht alles wie durch eine Fischaugenlinse, Dustin, John Travolta auf dem Poster über dem Bett, die Guppys im Aquarium. Er hat noch nie nüchtern Ecstasy genommen.

Dustin sagt, es gebe einen Dokumentarfilm darüber. Da hätte er Ausschnitte von gesehen. Lange her. Könne man kaum angucken, weil man da sehe, wie Frauen mit ihren Kindern über die Straßen liefen. Da seien sie immer abgeschossen worden, die Serben hätten ja auch an der Stelle, wo die Leute Wasser geholt haben, also die hätten die Leute einfach – wenn die da hingegangen seien, um Wasser zu holen, dann hätten Scharfschützen die abgeknallt. Da seien Mütter mit ihren kleinen Kindern abgeknallt worden, das sei alles echt so unglaublich schlimm gewesen. »Und in dem Film sieht man, wie Iron Maiden das Konzert spielen«, sagt Dustin. Den Tränen nah. »Und Leute erzählen dann, wie sie das erlebt haben. Dieses Konzert. Dass sie es einfach nicht glauben konnten. Dass da jemand freiwillig hingekommen ist und das für die gemacht hat. Und das ist eben diese Geschichte.«

Kurze Stille.

»Wie kommst du jetzt darauf?«, fragt Minute.

»Sie haben heute eine halbe Stunde lang im Radio darüber geredet. Da ist mir das wieder eingefallen.«

Minute nickt, Dustin nickt auch.

»Jubiläum, oder was?«

»Ja. Und das Detail mit dem abgeschossenen Helikopter«, sagt Dustin, »das kannte ich noch nicht.«

Er überprüft Minutes Gesicht darauf, ob er irgendwas sagen möchte, will er anscheinend nicht, also macht Dustin weiter. »Deshalb sage ich auch immer, wenn mich jemand nach meiner Lieblingsband fragt: Iron Maiden. Dass ich die feiern würde bis zum Geht-nichtmehr, dabei stimmt das gar nicht.«

»Hörst du Heavy Metal?«

»Geht so. Du?«

»Geht so. Finde ich nicht ganz so schlimm wie andere Menschen«, sagt Minute. »Ich würde mir jetzt kein Heavy-Metal-Album kaufen oder so, aber da sind ja fantastische Gitarristen dabei und so, ist mir auf jeden Fall lieber als, ich weiß nicht ... wie heißt denn diese schreckliche Band – irgendwas mit der Bibel ...«

»Genesis?«, fragt Dustin.

»Ja, genau. Genesis und solche Leute, weißte, das ist so – sorry, also, nee. Und Genesis, wenn die dahin gefahren wären nach Sarajevo, würde ich wahrscheinlich auch Genesis feiern. Aber lieber irgendwie Heavy Metal hören als Genesis, kann ich nur sagen.«

Dustins Grinsen wird immer breiter. Er will Minute ein Video auf seinem Handy zeigen. Er hofft, dass Minute es noch nicht kennt. Das sei sein Lieblingsvideo, er müsse sich das einfach immer mal wieder angucken.

»Wo ist denn jetzt das Suchding abgeblieben? Die Leiste?«, fragt er.

»Weiß ich nicht.«

»Normalerweise kann man doch ...«

»Bei Youtube?«

»Ja.«

»Da oben, die ist schwarz.«

»Ah, das ist alles so schwarz, deshalb. Gib mal Ae-rosmith ein. Und Jimmy Page. Kennst du das Video? *Hall of Fame?*«

Minute schüttelt den Kopf.

»Das ist so witzig.«

Das Video ist schwarz-weiß, eine Backstageaufnahme von 1990, kurz bevor Jimmy Page mit Aerosmith bei einem Festival performt hat. Minute kennt weder Jimmy Page noch Aerosmith, lässt sich das aber nicht anmerken. Die Bandmitglieder von Aerosmith sind langhaarig, oberkörperfrei und auf Drogen, Jimmy Page hat im Gegensatz dazu eher was von einem schüchternen Musikpädagogen für verhaltensgestörte Fünfjährige, er würde von den anderen gerne wissen, wie der gemeinsame Auftritt aussehen soll, die antworten aber im Rausch nur Scheiße. Unfassbare Scheiße. Dustin hat also recht. Das Video ist witzig.

»Gehen wir schwimmen?«, fragt Minute irgendwann, es ist nach Mitternacht. Dustin nickt.

»Keine Angst vor den Wildschweinen?«

»Die hypnotisiere ich«, sagt Dustin. Er steht ruckartig auf, sie drängen sich an fünfzig Leuten vorbei, ein Großteil von ihnen ext gerade Batida de Coco mit Dosenananas. Rauchschwaden ziehen wie Sahne durch das Erdgeschoss. Minute erinnert das an seine toten Eltern. Er spricht das laut aus. Dustin lacht. Im Vorbeigehen lässt sich Minute von der Frau mit den Goldkettchen küssen. Dustin nimmt seine Hand und zieht ihn weg. Draußen steht seine E-Klasse.

Dustin fährt. Auf der Fahrt reden sie über Wildschweine. Und über Minutes verstorbenen Schäferhund, der immer mit einem Wildschwein gespielt hat. Das war wirklich ein Spiel. Das Wildschwein ist weggerannt und der Hund hinterher und dann andersrum. Dustin lallt, dass er den Wildschweinen meistens beim Parkplatz zwischen Imbiss und Bootsverleih begegne, man höre die da auch immer im Unterholz. Und dass die nicht einfach so angreifen würden. Dass das keine Tiere seien, die Lust auf Totschlag hätten.

»Die Keiler reißen die Menschen auf, und die Säue zertrampeln sie«, sagt Minute.

»Die sind gefährlich«, sagt Dustin. »Aber keine Arschlöcher.«

»Weiß ich.«

Bevor sie aus dem Auto steigen, verspürt Minute zwei gegensätzliche Impulse. Er will Dustin küssen und sich gleichzeitig selbst dafür in die Fresse hauen, er lässt beides. Weder Laternen noch Sterne, wirklich alles schwarz.

Am Ufer hören sie auf zu reden. Es ist die Stelle, an der Minute immer mit seinen Schwestern schwimmen geht. Er glaubt, auf der gegenüberliegenden Seeseite einen Scheinwerfer zu sehen. Das ist aber nur die Spiegelung vom Mond im Wasser. Sie ziehen sich aus.

Minute ist schneller als Dustin, er sieht ihn am Ufer, der steht da grübelnd, bisschen geknickt, mit seiner Jeans in der Hand, die er eindringlich anguckt und zu einem kleinen Päckchen zusammengerollt ins Schilf legt. Dann rennt er zu Minute. Minute krault, Dustin nicht. Sie liegen wie Seesterne in der Mitte des schwarzen Wassers. Minute will Dustin anfassen, erzählt stattdessen aber, dass ihm beim Joggen mal ein Taubenflügel aus dem Himmel vor die Füße gefallen sei, mit einer kompletten Lunge dran.

Und Dustin sagt abfällig: »Alright, das erzählt mir hier gerade jemand, der Angst vor Wildschweinen hat.«

Sie schwimmen zurück. Dustin ist einen halben Kopf größer als Minute. Kurz bevor sie stehen könnten, hört Minute etwas durch das Unterholz trampeln. Dann taucht am Ufer ein massiger Keiler auf. Der rennt ein paar Meter, bleibt stehen und sieht sie an. Dustin sagt: »Scheiße.« Der Keiler atmet aus und dreht den Kopf. Er starrt an den beiden vorbei auf etwas, das hinter ihnen ist.

Minute hört auf zu atmen. Er sagt: »Dreh dich um.«

Da sind dunkle Punkte hinter ihnen auf dem Wasser. Der Sound, den diese Punkte verursachen, klingt nach einem sich nähernden Sturzbach. Verschieden große dunkle Punkte, die auf sie zuschwimmen und zu Umrissen von Köpfen werden.

Dustin sagt, das seien vierzig. Dass das mindestens vierzig seien.

Vorne ist die Leitbache, vielleicht hundert Meter entfernt. Sie sieht beim Schwimmen aus wie ein Grizzly. Sogar die Rüssel von Frischlingen gucken aus dem See. Dustin keucht eher, als dass er redet. Er keucht, dass die Schweine mehr Angst vor den Menschen hätten als die Menschen vor ihnen, vor allem, wenn sie im Wasser seien. Sie dürften sich nicht zu schnell bewegen. Und sie müssten Abstand halten, sagt er. Sie müssten es schaffen, Abstand zu halten, sonst kriegten die Wildschweine Panik und einen Schlaganfall. Minute fragt sich, was Dustin da redet. Dann versucht er, ihn telepathisch zu zwingen, ihn anzusehen. Funktioniert. Im selben Moment wird ihm etwas klar, das jedem Menschen irgendwann klar wird. Dass Blicke der einzige Weg sind, einander ohne Berührung anzufassen. Die Wildschweine kommen näher. Der Keiler am Ufer wartet nicht mehr alleine auf sie, da sind jetzt noch zwei weitere, einer von ihnen ist weiß mit Flecken. Minute grinst ungläubig. Dustin grinst zurück, das ist keine Reaktion, nur ein Reflex. Minute zeigt auf den Stamm einer umgefallenen Eiche, der in der Nähe ihrer Einstiegsstelle aus dem Wasser ragt. Dahinter steht ein Baum, von dem Minute nicht weiß, wie er heißt. Der Baum hat Äste, wie Stufen. Sie könnten klettern.

Dustin atmet aus, schwimmt ans Ufer und rennt dicht an den Keilern vorbei zu seiner Hose im Schilf. Die Keiler überlegen, ob sie Dustin umzingeln sollen. Scheinen unschlüssig zu sein. Ah, jetzt nicht mehr. Sie bewegen sich auf ihn zu. Dustin holt zitternd etwas aus seiner Jeanstasche. Knarre. Überrascht Minute nicht, beunruhigt ihn aber, sieht eher nach Polizeiwaffe aus als nach Schreckschusspistole, Dustin lädt diese Knarre und richtet sie auf die Keiler. Minute hört den lang gezogenen Laut mehrstimmigen Knurrens, er durchschneidet die Nacht und kommt aus ihren Eingeweiden, gleichzeitig bildet er sich ein, den Atem der Leitbache in seinem Nacken spüren zu können. Er weiß, dass das nicht sein kann, und gleichzeitig, dass die Schweine im Wasser bereits näher sind, als sie sein dürften. Er schreit Dustin an, dass die Munition nicht reichen werde. Er wiederholt, dass die Munition nicht reichen werde, Dustin richtet nur kurz die Knarre auf ihn wie zum Befehl, dass er still sein solle. Dann schreit Minute, er solle rennen, aber rennen geht nicht mehr, die sind zu nah. Sie haben sich so formiert, dass weder Dustin noch Minute an ihnen vorbeikommen könnten. Dustin schießt in die Luft. Die Wildschweine reagieren kaum, sie reagieren praktisch gar nicht. Dann knallt Dustin die Keiler ab. Der erste bricht sofort zusammen, der zweite schleppt sich mit der Kugel in der Brust noch einen halben Meter weiter auf Dustin zu, er taumelt, fällt auf die Seite, rappelt sich wieder auf. Fällt noch mal und bleibt keuchend liegen. Den dritten Keiler, den mit den Flecken, trifft Dustin erst beim vierten Schuss. Er ist der Einzige, der angeschossen wegzurennen versucht, nach ein paar Schritten hören sie ihn im Gebüsch zusammenbrechen. Hinter Minute ein tiefes, murrendes Brummen. Dann ein kurzes Quieken, eine Art Warnschrei, Stille. Minute krault ans Ufer. Die gesamte Rotte verharrt lautlos im Wasser, die Frischlinge ducken sich. Sie tauchen fast. Vierzig schweigende, auf der Stelle schwimmende Schweine, zwanzig Meter von Minute entfernt. Er rennt auf Dustin zu, an den Keilern vorbei, an den massiven, fast toten Körpern. Überdimensionierte Kuscheltiere, die Augen sind bei beiden offen. Kleine Ohren, von zottigem Fell umgeben. Von der Stirn bis zum Rücken des gefleckten Keilers verläuft ein aufgestellter Kamm langer Borsten, durch die Eckzähne weicht sein letzter oder vorletzter Atemzug aus den Lungen. Das ist das einzige Geräusch. Sonst nur schwarze Stille, bisschen morastig. Minute denkt an das Blässhuhn. Der Druck auf seinen Ohren ist wieder da. Du wirst es bereuen. Dustins Gesicht da so im Mondlicht, er atmet wie nach größter körperlicher Verausgabung. Sie rennen. Du wirst es bereuen, Minute will das zu ihm sagen, traut sich aber nicht. Dustin rennt nicht zu dem Baum, auf den sie klettern könnten. Er rennt den Hang hinauf Richtung Parkplatz, und Minute rennt hinterher und versucht, sich zu erinnern, was die entgegengesetzte Richtung seines Herzens auf Französisch heißt. À contrecœur. Du wirst es bereuen. Minute hört die Wildschweine noch nicht, aber der Boden beginnt zu vibrieren. Sie folgen ihnen. Er sieht Dustin kurz vor dem Auto langsamer werden, plötzlich knallt etwas Schweres gegen

Blech. Die Alarmanlage geht an. Zwei Schatten stampfen hinter dem Auto hervor. Sie werden zu Umrissen. Minute könnte das für die Umrisse von Doggen oder Ponys halten, tut er aber nicht. Dustin bleibt stehen, dreht sich zu ihm um, noch mehr Schatten. Die Wildschweine kommen aus allen Richtungen. Es sind achtzig, vielleicht hundert. Sie umzingeln sie wie Wölfe bei Vollmond. Aber sie heulen nicht. Sie lachen.

Minute wacht auf dem Küchenboden auf, zwischen seiner Kotze und dem Herd. Im Herd ist eine verkohlte Pizza. Er kämpft sich hoch und schaltet den Herd ab. Er fasst sich an den Hinterkopf, zieht sich zwei kleine Tannenzweige aus dem Haar und spürt, wie sein Körper stoßartig Ströme von Angstschweiß absondert. Er glaubt Blutspuren an den Küchenschränken zu erkennen.

»Das ist das Brombeergelee von Oma Inge«, sagt Indigo. »Hast du dir gestern Nacht noch aus dem Keller geholt.«

Sie lehnt im Türrahmen und hat Angst vor ihm, er sieht ihr das an, ein Zustand strenger, verängstigter Distanz, den sie seit dem Tod ihrer Eltern mit Einradfahren und einem Putzzwang kompensiert.

»Soll ich deine Kotze wegmachen?«

»Spinnst du?« Er steht auf und trinkt Wasser. »Wann war ich hier?«

»Um drei. Du hattest Hunger. Dann hat was geknallt.« Sie atmet ein und fügt hinzu, sie habe sich wegen des Knalls keine Sorgen gemacht, sie habe schon vermutet, dass er einfach hingefallen sei, sie sagt tatsächlich: »vermutet«, das erschreckt ihn. Minute atmet aus, so fest und oft hintereinander, dass ihm schlecht wird, bisschen schwarz vor Augen. Dann setzt er sich an den Tisch und klappt aus schlechtem Gewissen seinen Laptop auf. Er will seinen Schwestern neue Badeanzüge bestellen.

»Wo ist Safran?«, fragt er.

»Beim Ballett«, antwortet Indigo.

Er kauft für beide den gleichen. Dunkelblau mit Emojis. Der Bestellvorgang wird mehrfach von der Erinnerung an die Wildschweine zerrupft, zu gleichen Teilen milchig und starr, wie eine zu schnelle Diashow mit Blitzfotos. Er fängt an zu weinen. Er weiß nicht, wie er nach Hause gekommen ist. Er hat Angst, die Zeitung zu lesen. Wenn letzte Nacht ein Mord begangen wurde, weiß er, dass er an diesem Mord beteiligt war.

Aber er weint nicht deshalb. Er weint, weil er seinen Schwestern die gleichen Badeanzüge bestellt hat.

Auf dem Weg zum Supermarkt begegnet er zwei Wildschweinen. Das Erste, was ihm zu denen einfällt, sind eine Schrottpresse und der Mitsubishi seiner Mutter, mit sechzehn hat er damit besoffen einen Frischling angefahren. Totalschaden, weil das Baby so schwer war. Eins der Wildschweine liegt zehn Meter vor ihm im Gras. Er hat es aus der Ferne für eine Regenjacke gehalten. Das zweite galoppiert wie eine Cartoonfigur auf ihn zu, in einer Art hektisch aufgewirbelter Sandwolke, Minute dreht sich um, es bremst. Der Kopf ist ein bisschen dreieckig. Dann starrt das Wildschwein ihn an, ohne Drohung. Minute starrt zurück. Zwei Atemzüge lang starrt er dem Wildschwein in die Augen. Er wird sich diese Augen nachts im Halbschlaf herbeisehnen. Er sieht in ihnen einen Kampf, den er weder verlieren noch gewinnen kann und trotzdem sein Leben lang austragen wird. Dann rennt er zu Edeka. Eine Filiale in Gästeklogröße. Dort will er seinen Schwestern sechs Donuts kaufen. Im Schaufenster liegen Einweggrills. Fünfzig oder sechzig gestapelte Einweggrills in einem Viereck aus rot-weißem Absperrband. Ein Mitarbeiter ist an dem Versuch gescheitert, die Saisonartikel dekorativ in Szene zu setzen.

Dustin kommt aus der Tür. Stange Zigaretten unter dem einen und drei Liter Milch unter dem anderen Arm. Weißes T-Shirt, Haare im Gesicht. Weil er im Gegenlicht steht, sieht er verwaschen aus und konturlos, wie ein Heiligenbild, das über einem Kaminfeuer hängt. Bisschen auch wie das Emoji mit dem Fieberthermometer im Mund.

Die beiden nicken einander zu. Dustin stellt sich neben Minute. Wortlos begutachten sie die Installation im Schaufenster.

Minute erzählt Dustin, dass er gerade zwei Wildschweinen begegnet sei. Dann fragt Dustin, ob Minute bemerkt habe, dass sich ein unerklärlicher roter Schimmer über das komplette Viertel gelegt habe, als hätte jemand einen Film falsch farbkorrigiert. Minute verneint und fragt, was gestern Nacht passiert sei, er spürt die Muskeln in seinem Rücken zittern. Und Dustin sagt: Gar nichts, alles in Ordnung, gute Party, bisschen zu viel gesoffen, er sei so besoffen gewesen wie seit Jahren nicht, aber sonst gar nichts, echt. Dann haut er ab.

Patina aus Schweiß und Schmutz und Staub.

Minute liest im Internet einen Artikel über ein Wildschwein, das einem Nacktbader am FKK-Strand das MacBook geklaut hat.

Am nächsten Tag randalieren vier Wildschweine in der Schmuckabteilung eines Kaufhauses in Nottingham.

Im Herbst trifft er Dustin wieder. Niemand hat Geburtstag. Ein paar Jungs glotzen Champions League in der Reichskrone. Als Dustins Freundin geht, nehmen Minute und er Ecstasy.

Dann sehen sie sich in die Augen, auf eine Weise, die zu gleichen Teilen als Zufall und als zielgerichtete schwarze Absicht durchgeht. Abgründe, aber ohne Dreck. Kein dunkles Wimmeln, kein Schlamm. Nur Sand unter klarem Wasser.

Dustin kippelt auf dem Barhocker. Dann erzählt er Minute von irgendeinem Trip an die Algave. Er grinst. Die ganze Zeit. Von Lissabon aus sind sie ins Hinterland und dann wollten er und seine Brüder beim Freund eines Freundes unterkommen, was aber beinahe nicht geklappt hätte, weil der Typ mit fünfzig Kilo Haschisch im Ersatzreifen von der Polizei angehalten und ins Gefängnis gebracht wurde. Seine Verlobte hing aber noch bei dem zu Hause rum. Also sind sie trotzdem gefahren.

»Wer ist *wir?*«, fragt Minute.

»Meine Brüder. Und ich«, wiederholt Dustin, Minute entschuldigt sich, er sei kurz abgelenkt gewesen.

»Wovon?«, fragt Dustin.

»Weiß ich nicht«, sagt Minute.

Dustin nickt und erzählt weiter.

»Das Erste, was wir da gesehen haben auf dieser Farm, waren dreißig Schweine im Vorgarten. Schweine, die aufgereiht, irgendwie so seitlich, am Maschendrahtzaun gelehnt haben. Mit übereinandergeschlagenen Beinen. Vorder- und Hinterbeine übereinandergeschlagen. Ohne Scheiß.«

Minute stellt sich diese Schweine wie französische alkoholkranke Gräfinnen in den Zwanzigern vor.

»Die waren stoned. Die waren komplett stoned. Haben immer diese Blüten der Hanfpflanzen zu fressen gekriegt. Das waren dauerbekiffte Schweine.«

Sie schreien vor Lachen. Minute weiß, dass er für Dustin sterben würde. Er weiß das einfach. Er weiß nicht, ob es dabei auch um Sex geht, vermutet es aber. Minute fragt, ob er schwimmen gehen möchte, Dustin sagt Ja.

Auf der Fahrt fragt Dustin Minute nach seiner ersten Erinnerung. Minute erzählt sie ihm.

Als sie aussteigen, macht Minute die Taschenlampe seines Handys an. Sie laufen schweigend auf die Stelle zu, an der sich Minutes Traum mit Dustin und den Wildschweinen abgespielt hat, Dustin zieht sich aus, reißt sich routiniert die Klamotten vom Leib, ein Anzug, der entweder auf der Straße lag oder maßgeschneidert wurde, man weiß das bei ihm immer nicht so genau. Die beiden taumeln high über die Wurzeln. Sie sehen gut aus, sie sehen aus, als wären sie gerade in irgendeinem weltberühmten Kellerloch, in irgendeiner wichtigen Keimzelle für amerikanischen Punk von der Bühne gefallen.

Dustin will ins Wasser. Minute hält Dustin an der Schulter fest. Das ist nicht er selbst, der Dustin an der Schulter festhält, das ist eine Kraft, die ihn zum Gegenteil seiner bewussten Impulse zwingt. Er erzählt ihm, ohne es zu wollen, was er geträumt hat. Dass sie hier schon mal gewesen und zusammen ins Wasser gegangen seien. Er lacht, und Dustin lacht auch, er zieht sich wieder an und sagt, Minute habe das nicht geträumt.

»Nein?«

»Da waren vierzig Wildschweine im Wasser. Und vier am Ufer.«

Er nimmt Minute an der Hand und zeigt ihm die Spuren im Schilf. Er lacht, als wäre das alles ein Witz, wahrscheinlich ist es das auch.

»Und dann?«, fragt Minute.

»Dann haben wir geknutscht. Bisschen. War süß.«

Minute sagt, er habe gedacht, sie hätten jemanden umgebracht. Und Dustin antwortet, dass sie das ja auch fast getan hätten. Und dass er Minute nach Hause habe bringen wollen und dass sie eben geknutscht hätten und ständig hingefallen seien, er wiederholt, dass er seit Jahren nicht so besoffen gewesen sei. »Ich zeig dir das.«

Und er zeigt ihm den Weg nach Hause. Zeigt ihm alle Büsche und Hecken, in die sie gefallen sind. Dann das Matratzengeschäft in dem Eckhaus, vor dem sie nacheinander gekotzt und dann weitergeknutscht haben. Sie rekapitulieren alles, was Dustins Erinnerung nach in der Nacht mit den Wildschweinen passiert ist, sie spielen es nach. Aber nicht mit Zunge. Eher in einer zugedröhnten Mischung aus mechanisch und Kindergarten, Minute weiß zum ersten Mal in seinem Leben, was es bedeutet, ein Mann zu sein, er weiß, dass Heterosexualität nichts mit Geschlecht zu tun hat, nur damit, wie sehr jemand verlangt werden will und wie sehr der andere verlangt. Was er nicht weiß, ist, ob Dustin gerade die Wahrheit sagt.

»Ich liebe mein Gehirn«, sagt Dustin, er sieht nach Hollywood aus und wie ein emotionales Reh, Stirn an Stirn, die Augen verschwimmen, er grinst immer noch. Er sagt: »Wir können das nicht machen.«

Minute drückt die Wange an die Innenseite von Dustins Oberarm. Dabei spürt er, wie die tätowierten Buchstaben Abdrücke auf seinem Gesicht hinterlassen. Fühlt sich nach Initialen aus glühendem Silber an, aber es ist nur Haut.

»Der Himmel ist irgendwie rührend«, sagt Dustin.

»Rührend?«

»Ja. In seiner nicht nachlassenden Begeisterung.«

Im Flur öffnet Minute die Tür zum Zimmer seiner Schwestern. Er merkt, dass er kurz davor ist, sein Gleichgewicht oder das Bewusstsein zu verlieren. Er starrt die Körper dieser Mädchen an, schwarze Haare auf bedruckter Bettwäsche, so lange, bis er keinen

Zweifel mehr hat, dass sie noch atmen. Im Bett redet er mit seiner toten Mutter und erzählt ihr von Dustin. Die Mutter erzählt irgendwas von Unabhängigkeit und sagt dann, dass er seine Einstellung ändern müsse. Hat sich vor ihrem Tod Botox zwischen die Augenbrauen spritzen lassen und sagt ihm jetzt, er solle seine Einstellung ändern.

»Mein Gott, ja, mach ich gerade«, sagt er laut.

Beim Aufwachen bildet er sich ein, seine Einstellung geändert zu haben. Trotzdem weiß er, dass Dustin zu den Dingen gehört, die man sein Leben lang nicht geklärt kriegt. Überwältigt sitzt er beim Frühstück. Er entschuldigt sich nicht bei seinen Schwestern und schweigt bloß betreten, zu mehr ist er wirklich nicht imstande. Er sieht in ihre Gesichter. Dann nach draußen auf die aufgewühlte Erde im Garten, er wird in Polen an einem Pokerturnier teilnehmen und das Geld im Sitzpolster versteckt über die Grenze schmuggeln müssen, das ist der einzige Weg, den Rasen wieder in Ordnung zu bringen, ohne dass er dafür die Haushaltskasse plündern muss. Beim zweiten Kaffee beschließt er, eine Affäre mit einer Frau zu beginnen. Einer Frau, die bereit dazu ist, sich in seiner Abwesenheit um die Mädchen zu kümmern. Das wird Arbeit, denkt er. Im Radio läuft die Osteoporose-Sprechstunde. Danach ein Beitrag darüber, dass in einem Waldstück in der Nähe ein Kadaver gefunden wurde. Die Leiche eines pestinfizierten Wildschweins. Nach jedem Pestausbruch müssen Mastbetriebe ihre gesamten Tierbestände abschlachten.

Dass Dustin und er das nicht machen können, was auch immer, ist die letzte eindeutige Erinnerung, die Minute an den Herbst hat. Der Rest verschwimmt und wird zu Fetzen. Fetzen, in denen jeder Labrador von Weitem ein potenzielles Wildschwein ist. Und Fetzen vom Himmel. Ab und zu lackiert er ein Möbelstück. Ab und zu wischt er gesteinsartige Schichten Staub von den Bilderrahmen, ab und zu gewinnt er vierzigtausend Euro beim Pokern, die dann ab und zu auch zwei Sekunden später direkt wieder weg sind, weil das Internet nicht mehr geht. Er schafft es, Ordnung und Sauberkeit herzustellen, aber alles bleibt dürftig, die Dürftigkeit steckt in den Dingen.

Er begegnet Dustin in regelmäßigen Abständen. Sie nicken sich zu oder unterhalten sich über Fußball. Dustins Freundin ist immer in der Nähe. Lässt Minute nach diesen Treffen einen Gedanken an ihn zu, wird er stundenlang von Dustin überflutet, harmlose Fantasien, die sich meistens in irgendeinem Türrahmen abspielen.

Minute bestellt auf Amazon ein Spray für vierundzwanzig Euro. Das soll die Wildschweine abhalten. Er findet eine Fackel im Schuppen und füllt Konservendosen mit Nägeln, um die Wildschweine vertreiben zu können. Aber sie kommen nicht wieder. Seine Schwestern hören auf, sich umzuziehen. Sie verbringen die kommenden Monate in ihren beschissenen neuen Badeanzügen.

Die Frau, mit der er eine Affäre beginnt, studiert Tiermedizin. Sie fährt im Sommer zum Surfen nach Frankreich. Ihre Mutter lebt auf einem Segelboot, ihr Vater hat Geld. Und wenn Minute verkatert neben ihr aufwacht, erklärt sie ihm nüchtern, dass Drogen Mineralstoffe aus den Knochen ziehen und er einfach nur ein paar Eisenpräparate zu sich nehmen müsse.

Am Morgen, nachdem sie zum ersten Mal beim Sex geweint hat, sieht er sie vom Türrahmen aus an, sie steht zwischen Indigo und Safran in der Küche.

»Und du machst Ballett? Hab ich gehört?«

Safran nickt und zuckt mit den Schultern. »Ich will immer nicht hin«, sagt sie. »Aber wenn ich dann da bin, macht es irgendwie doch Spaß.«

Die Frau guckt zu Indigo. Indigo wischt mit Küchenpapier und Glasreiniger die Anrichte ab.

»Und du hast heute diesen Staffellauf? In der Schule?«

»Ja«, sagt Indigo, »aber ich mach nicht mit.«

Sie reibt sich mit dem Handrücken das Auge.

»Warum denn nicht?«, fragt die Frau.

»Ich laufe einfach nicht so gerne.«

Sie passt auf, dass er beim Ficken nicht mit dem Kopf an die Fensterbank knallt. Wenn sie Sex haben, wird Minute von der verschwommenen Vorstellung verfolgt, wie Dustin jetzt aussehen würde. Er weiß es nicht. Er weiß nicht, wie Dustin aussehen würde. Und vielleicht wird er das nie wissen. Vielleicht auch doch.

Er weiß, was er sagen wird, sollte Dustin irgendwann noch mal mit diesem Bullshit anfangen, dass sie das *nicht machen könnten*. Er wird ihm sagen, dass er damit aufhören muss. Und ihn fragen, ob er sich Sex vorgestellt hat, wirklich Sex, ob er sich vorgestellt hat, wie sie Sex hätten. Minute hat das. Immer Machtkampf. Den einer von ihnen dann irgendwann aufgibt. Er weiß nie, wer, wahrscheinlich er selbst. Seine Hand an Dustins Arm über seinem Kopf. Er guckt an Minute vorbei. Und Minute legt sich auf den Rücken und gibt auf. Indifferentes Stöhnen, dann Dustins »Alles ist gut«-Blick, der Blick, mit dem er behauptet hat, dass nichts passiert sei, und der bei Minute immer das Bild einer Gefängnismauer heraufbeschwört. Wirklich. Als wäre Dustins Haut die Wand eines Gefängnisses, in dem nicht er sitzt, sondern der Rest der Welt, seine Haut ist nicht sein eigenes Gefängnis, sie ist das Gefängnis der Welt. Das Gefängnis von allem, was nicht er ist. Nachdem Minute sich das zu Ende vorgestellt hat, will er sich ohrfeigen. Er lässt es und bestellt Pizza und geht pokern. Sehnsucht ist ganz gut, denkt er dann. Und fragt sich, ob es wirklich um Sex ging. Ja, ging es.

Es vergeht ein Jahr. Minute denkt nicht an Dustin. Er steht mit seinen Schwestern vor dem Imbiss. Vor dem Imbiss, von dem Dustin gesagt hat, dort seien immer Wildschweine. Er denkt trotzdem nicht an Dustin. Sie essen Waffeln. Es ist früher Nachmittag.

Ein Frischling läuft auf sie zu, ein ausgemergeltes kleines Wildschweinferkel, das seine Familie verloren hat und dessen Todesangst gerade existenzieller Erschöpfung zu weichen scheint. Es taumelt den Waldweg entlang, am Bootsverleih und dem Parkplatz vorbei, zu fertig, um scheu zu sein oder auf die Idee zu kommen, sich vor den Menschenmassen zu verstecken. Das ist ein Zustand tiefer, kraftloser Verzweiflung, in dem das Ferkel es nur deshalb schafft weiterzulaufen, weil es weiß, dass es gleich tot ist. Seine Schwestern fangen an zu heulen. Sie hören lange nicht auf damit.

Abends sitzt Indigo auf ihrem Bett und heult noch immer. Minute wankt auf sie zu, jeder Staubfussel in ihrem Zimmer wird zum Beginn einer Katastrophe, eines unbezwingbaren Chaos, in dem er und seine Schwestern ersticken werden. Und er denkt an seinen Vater und seine Mutter und weiß, dass seine Eltern nicht glücklich gestorben sind. Das erzählen die Leute Waisenkindern ja gerne. Dass die Eltern die Welt in Würde verlassen hätten. Seine Eltern fanden die Welt zu gut, um sie freiwillig zu verlassen, er weiß das, und er wusste es immer. Er schreibt Dustin. Dustin antwortet. Er holt ihn ab, als die Sonne aufgeht. Sie fahren im Kreis um das Kaff, so wie Minute das im Regelfall alleine macht. Im Radio läuft Morrissey. Und sie reden bekifft über Wasser. Draußen ist ein heller Fleck am Himmel. Die Sonne explodiert großflächig hinter einem weißen dichten Sechseck aus Wolken. Dann ist da noch eine dunkelgraue Wolke. Irgendwie im Vordergrund. Sieht aus, als hätte ein Zweitklässler Rauch gemalt.

Dustin sagt, er hätte von Minutes erster Erinnerung geträumt.

»Oder von etwas, das ich für deine erste Erinnerung halte. Die hast du mir vor einem Jahr erzählt. Ich weiß nicht, ob du dich erinnerst.«

»Was hast du geträumt?«, fragt Minute.

»Was Diffuses mit einem Schmetterling im Halbschatten. Irgendwie Flattern. Und ich bin wach geworden von der Anstrengung, das besser erkennen zu wollen.« Er atmet ein. »Stimmt das halbwegs?«

»Das Flattern war eher das Flattern einer Motte«, sagt Minute.

»Und was ich so bemerkenswert fand, war, dass sie die ganze Nacht auf meinem Fensterbrett gesessen und sich nicht von der Stelle bewegt hat. Sie war beim Einschlafen da, und beim Aufwachen war sie immer noch da. Ich weiß nicht, warum ich daraus einen Schmetterling gemacht habe.«

»Perfekte erste Erinnerung«, sagt Dustin. »Ich kenne keine bessere.«

»Perfekte Erinnerung an meine erste Erinnerung«, sagt Minute.

»Was hast du geträumt?«, sagt Dustin.

Minute denkt nach. »Wir waren irgendwo, du und ich, Party, rumgehangen. Du hast meine Hand genommen. Dann hat einer von uns entweder gesagt oder gedacht: Geht doch. Und tut nicht weh. Oder so.«

Dustin fährt Minute nach Hause. Sie nehmen einen Weg, den Minute nicht kennt. Die Straßennamen sind irritierend. Widderstraße. Steinbockstraße. Einhornstraße.

»Da hat, glaube ich, jemand was durcheinandergebracht«, sagt Dustin. Rosenstraße. »Ne, im Ernst. Mich würde wirklich interessieren, wer sich hier so austoben durfte.«

Als Dustin schließlich anhält, fragt Minute, ob sie noch eine rauchen sollten. Aber sie haben kein Feuerzeug. Minute steigt aus und rennt ins Haus, um nach einem zu suchen. Er findet keins. Sie fahren zur Tankstelle. Sie rauchen. Vielleicht küssen sie sich jetzt, vielleicht auch nicht, darum geht es nicht, zumindest nicht nur.

Nachts träumt Minute von Dustins Haus. Oder eher von der Mischung aus Dustins Haus und einer Neorenaissancevilla mit zwei Erkern, er sitzt in einem der beiden Turmzimmer und vermutet, dass die Tür abgeschlossen ist. Er probiert nicht mal, sie zu öffnen. Er weiß, dass Dustin in dem anderen Zimmer sitzt. Er schickt ihm drei explizite Liebesgeständnisse per SMS. Dustin antwortet nicht. Irgendwann antwortet Dustin doch. Zuerst mit einem Emoji, das es nicht gibt, ein Einhorn mit Regenbogen im Glitzerregen, danach schickt er unkommentiert zwanzig Bilder. Abwechselnd ein Kinderfoto von Minute und eins von ihm selbst. Am Ende kann Minute die Fotos nicht mehr auseinanderhalten. Er denkt: Ach so. Die Einsicht, die diesem »Ach so« vorausgeht, fühlt sich fundamental an. Er ist jetzt dazu fähig, die Tür zu öffnen und nach unten in die Küche zu gehen, der Weg dorthin ist ein Labyrinth aus schwebenden Wendeltreppen.

Eine Küche aus dem achtzehnten Jahrhundert, schwarz-weiße Kacheln, groß und schön.

Dustin kommt im selben Moment in die Küche wie Minute, aber er dreht ihm den Rücken zu. Minute nähert sich ihm. Einen Millimeter vor der Berührung betreten jedoch Leute den Raum, schwer zu identifizieren, um wen es sich handelt, paar Nazis, paar kleine Mädchen, Leute jedenfalls, mit denen er pflichtbewusst Small Talk führt, darüber, dass die Regierung aus Kostengründen sämtliche Feiertage in eine einzige Woche gequetscht habe. Dustin hält sich raus. Minute redet. Dustin kann nicht. Er geht zum Tisch, stützt sich ab, dreht sich zu Minute um und sieht ihn an. Killer eyes, Mischung aus drei Blicken. Das sind Blicke, die sich irgendwo auf der Grenze zwischen Angst und Liebe und Geschwisterliebe und Genervtheit und Gewissensnot abspielen und die Minute nie wieder vergessen wird, dabei hat er sie nur geträumt.

Minute weiß, dass er sofort abhauen muss. Er geht zu Dustins Haustür und legt die Hand auf die Klinke. Dreht dann aber um und läuft zurück zu dem Tisch, an dem Dustin noch immer steht. Er greift nach dem Handy, also, Minute greift nach seinem Handy, das neben Dustins Hand liegt und mit dem Minute ihm seine Liebe gestanden hat, und er hält es ihm ein paar Sekunden vor die Augen, damit Dustin weiß, dass Minute es mitnimmt. Er hält es ihm nicht nur vor die Augen, er fuchtelt verzweifelt damit herum, Abschiedstränen in den Wimpern, die sich wie Magensäure anfühlen. Dustin nickt. Minute weiß nicht, was das für ein Nicken ist. Er weiß es echt nicht und verlässt das Haus.

HIMMEL

Und wenn Sie alles, was jetzt kommt, für einen willkürlichen inneren Monolog halten, wenn Sie wünschten, das wäre ein wenig linearer, wenn Sie das als ungeregelte Aneinanderreihung von Fehlwahrnehmungen aburteilen, statt zu akzeptieren, dass es sich um eine Geschichte handelt, dann wissen Sie nicht, was Leben ist, und dann wissen Sie nicht, dass man das Leben abtötet, sobald man es in ein Schema aus drei Akten presst, dann bescheinige ich Ihnen hiermit, dass Sie sich nicht aufmerksam genug durch die Welt bewegen, dann lesen Sie bitte weiterhin Ihre amerikanische Sandkastenliteratur über dressierte Menschen mit dressierten Gefühlen, Ablenkungsmanöver, mit denen man das Kulturbürgertum bei Laune hält, damit der Rest der Welt in Ruhe seine Waffengeschäfte abwickeln kann, dann können Sie sich genau jetzt verpissen, bis in die Steinzeit, oder zumindest bis ins Mittelalter, und wiederkommen, wenn Sie mal ein paar Wochen lang zur Hälfte gehäutet und in Ketten gelegt fast verhungert wären.

Ich bin allein und habe nichts zu tun. Eine Weile lang starre ich die Risse im Putz an. Dann spüre ich eine gewisse Dunkelheit in mir aufsteigen und schiebe den Nagel meines Zeigefingers in den haarbreiten Abstand zwischen Nasenflügel und einer entzündeten Talgdrüse, bisschen, als würde ich mit einer Gartenschaufel versuchen, Beton umzugraben. Können Sie noch folgen? Ich glaube, ja. Dazu wird in der Nachbarwohnung Klavier geübt. Rihanna. Das Grauen ist zurück. So hätte Virginia Woolf das formuliert. Ich weiß nicht, welches, und ich weiß nicht, warum. Doch mich ergreift ein Zustand größter körperlicher Anspannung, als hätte man mir Schmirgelpapier in die Darmschlingen verpflanzt und dann die Lungenflügel zum Trocknen über einen Bunsenbrenner baumeln lassen. Ich bin mir nicht sicher, vermute jedoch, dass dieses Körpergefühl mit dem Selbstmord eines Bekannten zusammenhängt. Der Selbstmord liegt zwei Monate zurück. Man hat mich telefonisch benachrichtigt und in einem Supermarkt erreicht. Handy in der einen Hand, die andere da irgendwo im Kühlregal. Ich reagierte eher bedächtig als erschüttert, mit einer Teilnahmslosigkeit, die sich im Laufe des Nachmittags fast zur Erleichterung steigerte. Als wäre Dustins Geschichte, sein gesamtes letztes Jahr, bloß ein viel zu brutaler Porno gewesen, den man endlich ausschalten konnte, weil alle abgespritzt hatten.

Jetzt, zwei Monate später, ergreift mich die Erinnerung daran, wie gesund er trotz diagnostizierter psychologischer Abgründe immer ausgesehen hat. Die Erinnerung an seine harten, leeren Augen und seine

Haut, hinter der ich mir inzwischen eine Miniaturwelt voller Gletscher und eingestürzter Hochhäuser vorstelle, die ein Kleinkind aus seinem Fleisch wie aus Knetgummi geformt hat. Diese Vorstellung beginnt an diesem Nachmittag in mir zu wüten und hört nicht mehr auf, egal, ob ich esse oder kiffe oder mir zur Ablenkung Internetbilder von kostümierten Pythonschlangen ansehe.

Dustin war siebenundzwanzig, als er starb, ich weiß nicht, ob ich das gut oder schlecht finden soll. Das Schönste, was er je gesehen hat, war eine Filmszene aus *Harry Potter und der Feuerkelch,* in der Babydrachen zu dritt auf einer menschlichen Handfläche gesessen haben. Der Drache war sein Lieblingstier. Und *Herr der Ringe* fand er auch ganz gut. Vor allem die Stelle, an der sich die Wolken am Himmel in rennende Pferde verwandelten.

Über die Erinnerungen an Dustin legt sich ein Schleier, der Schleier eines sich durch seinen Tod vervollständigenden Eindrucks von ihm, des Eindrucks eines sterbenden Höhlenmenschen, der sich, obwohl ihm gerade die Gliedmaßen abfaulten, lächelnd zu einer Konversation über politischen Hip-Hop zwang und sich danach vor Erschöpfung ins Bett legen musste. Des Eindrucks eines Menschen, der, ich wiederhole mich, in seiner eigenen Welt eingeschlossen war. Einer Welt, die ich mir vorstelle wie das Szenenbild eines Katastrophenfilms, das ein untalentierter Zweitklässler modelliert hat. Aus Materialresten. So ungefähr.

Vielleicht erinnere ich mich nicht an ihn, sondern an mich selbst. Der Gedanke erschreckt mich. Doch mein Gesicht verrät die äußerste Erschrockenheit nicht. Man sieht mir die nicht an, genauso wenig, wie man sie ihm angesehen hat. Es geht hier um ein klirrendes Chaos, von dem alles, was unter der Oberfläche liegt, in Stücke gerissen wird. Und um den Kampf, diese Stücke mit letzter Kraft wieder zusammenzufügen.

Trotz des Chaos bin ich zu einer gewissen Kohärenz imstande. Alles, was ich gestern noch über Dustin geschrieben hätte, wäre auf eine akzeptable Pointe hinausgelaufen, ich bin zur Sortierung dieser aufgeladenen gedanklichen Fetzen imstande und kann sie auf das mickrige Format einer nach außen stimmigen Logik eindampfen. In der Regel funktioniert das, wenn auch unter größter Anstrengung. Aber das Funktionieren muss jetzt aufhören, denke ich, während ich etwas aus dem Kühlschrank nehme und esse, das nach den im Gemüsefach ausgelaufenen Augentropfen schmeckt, ich kann vor mir selbst nicht mehr rechtfertigen, das Chaos, das wesentlich ist, zugunsten gängiger Erzählstrukturen zu übergehen, nur damit Sie nicht aussteigen, dieser Text darf nicht funktionieren, er darf nicht funktionieren, und er kann es auch gar nicht, und mir ist scheißegal, wirklich, ob das Endergebnis lukrativ genug ist, ob ich mir von dem, was ich hier schreibe, eine neue Waschmaschine leisten kann oder nicht. Oder eben nicht.

An dem Nachmittag, an dem ich allein zu Hause und deshalb zum Nachdenken über Dustin und mich selbst und unseren geteilten Abgrund gezwungen bin, schließe ich aus Verzweiflung die Augen. Ich lege mich ins Bett. Ich zwinge mich zur Anwendung einer speziellen Atemtechnik. Ein Extremtaucher hat sie entwickelt, um unter Wasser acht Minuten lang die Luft anhalten zu können.

Ich atme dreißigmal ein, danach zwei Minuten lang nicht mehr aus. Den Vorgang wiederhole ich. Ich weiß nicht, wie oft. Ich kann nicht behaupten, dass mich das beruhigt. Aber es verringert das Bedürfnis, mir selbst die Zähne ausschlagen zu wollen. Ich verlasse meinen Körper. Wirklich. Brennende, grundlose Qualen auf der einen Seite und die neutrale Betrachtung dieser Qualen oder meines sich unter diesen Qualen windenden Körpers auf der anderen, ich sehe von der Zimmerdecke auf mich herab wie Menschen auf einem Operationstisch auf sich selbst herabsehen, wenn die Wirkung der Narkose zu früh nachlässt und sich ihre Seele vor Entsetzen von ihrem Körper befreien muss. Ein desorganisiertes Gewimmel aus Fleisch, Haaren, Haut, Knochen, Schmerz. In der Regel erhole ich mich von diesen Zuständen, sobald ich ihren Auslöser identifiziert habe.

Ich halte die Luft erneut an. Ich höre auf, die Gedanken unterdrücken zu wollen, sondern lasse alles mit voller Wucht auf mich einprasseln, wie einen unsichtbaren Regen aus Maden, elektrostatisch aufgeladenen Maden. Fünf Minuten lang Störbild, weißes Rauschen, Szenen, die weg sind, bevor sie sich überhaupt abgespielt haben.

Allmählich beginnt sich jedoch etwas aus den Eindrücken herauszuschälen. Zuerst Tierspuren. Pfotenabdrücke. Danach ein Gefühl, dem ich nachspüren kann. Ein Fetzen, der sich als einziger länger als für einen Sekundenbruchteil hält, sich zu konkretisieren beginnt und dann als Bild, als formbarer Gedanke, stehen bleibt. Sagen wir besser, als eine Fläche, die mich auffordert, sie zu beschreiben.

Diese Fläche ist eine Wand in einer Küche. Ein Stück kahler Sichtbeton, an dem Zettel hängen.

Die Fläche ist die Wand, auf die ich starre, während sich die anderen über Außenpolitik streiten.

Auf Kopfhöhe sind fünf Knickbilder mit den abgeschnittenen Enden von Pflastern befestigt worden, sie sind das Ergebnis des Spiels, bei dem man eine Figur vervollständigt, ohne zu sehen, was der Vorgänger gezeichnet hat.

Als wir besoffen genug sind, frage ich Iskender, welcher der fünf Köpfe von Dustin gezeichnet wurde. Ich tippe auf den schlecht gelaunten mit Sonnenbrille und Bart. Den hat aber er gemalt.

Von Dustin stammt ein Kopf, der nicht mit denen der anderen zu vergleichen ist. Dünne, feine Umrisse, die ich mit erschöpften Barbapapas in Verbindung bringe. Das sind birnenförmige Zeichentrickfiguren für Vorschüler, die ihre Form den Bedürfnissen der Menschen entsprechend verändern und dadurch als, weiß ich nicht, Brücke oder Schubkarre dienen können.

So sieht der Kopf aus, den Dustin gezeichnet hat.

Ein Grinsen, das sich über das ganze Gesicht zieht.

Leere Augen.

Da fehlen die Pupillen.

Ein Clown, dem die Augäpfel ausgestochen worden sind.

Der Körper, den er gezeichnet hat, sieht aus wie die Unterseite eines mit Luft aufgepumpten Insekts. Ein auf dem Rücken liegender Käfer, kurz bevor er platzt.

Seine Füße sind riesige Vogelkrallen, die Beine aus abgerolltem Klopapier, das wegzufliegen droht. Weil sie zu fünft waren, musste jeder noch eine Kopfbedeckung malen. Die Kopfbedeckung auf dem letzten Bild ist von ihm. Es ist kein Hut, keine Mütze, kein Blumentopf. Es ist ein in den Schädel geschlagenes Beil.

Die einzelnen Teile wirken unabhängig voneinander lustig und präzise, zusammengefügt sind sie etwas, auf das das Adjektiv »blutgefrierend« zutrifft. Ich empfinde den Anblick der Bilder nicht unmittelbar als blutgefrierend, aber das Wort fällt mir ein.

Alle haben Lust auf Nachtisch. Iskender steht am Herd und versucht, erhitztes Tiefkühlobst mit abgelaufener Schlagsahne zu verfeinern, tatsächlich gelingt ihm das.

Er erzählt von einem Traum von Dustin, den er kurz vor seinem Tod gehabt habe. Irgendwas mit Autos. Oder Carsharing. Und mit Geld. »Er war geizig.«

»Ja, ich weiß.«

Während wir essen, klingelt es. Es ist Amy. Sie hat dunkle Haare bis zum Arsch und bittet um Kaffee. Inzwischen unterhalten wir uns nicht mehr über Amerika, sondern über das gemeinsame Baden von

Teenagern. Amy lässt sich am Kopfende des Tisches auf einen Stuhl fallen. Sie erzählt von ihren Geschwistern. Wobei Geschwister hier das falsche Wort ist. Komplizierte Familienverhältnisse, wie sie sagt. Sie habe acht Brüder, sagt Amy beim dritten Espresso, das seien zwar keine echten Brüder, es gebe aber keinen besseren Begriff dafür. Sie seien zehn Kinder und nur zwei Mädchen gewesen, die sich im Streit um das Badezimmer morgens immer zusammen in die Wanne gelegt und die Tür abgeschlossen hätten.

»Du hast neun Geschwister?«

»Keine *echten* Geschwister. Es ist kompliziert.«

Sie hätten zu zehnt im Flur geschlafen. Und ab und zu auch zu zehnt auf einem Floß, Wasser, Sternenhimmel. Von jetzt an werde ich immer, wenn ich an sie denke, an zehn Kinder denken, die zwischen Nachthimmel und im Wasser gespiegelten Sternen schweben, daneben noch schattenhaft die Umrisse von Gestalten aus fernöstlichen Mythen, mit denen ich mich zu schlecht auskenne, um sie beschreiben zu können. Drachen wahrscheinlich. Nette Drachen. Überdimensionale, milde lächelnde Schlangen, die beschützend das Floß umkreisen. Okay.

»Da hängen neue Bilder«, sagt Amy dann. Sie meint die Zeichnungen. Sie zeigt auf die Zeichnungen, die ich anstarre.

»Das ist gut. Es ist gut, dass ihr die anderen Bilder abgenommen habt.«

Ich stehe auf, verabschiede mich knapp und ohne jemanden zu berühren. Dann nehme ich ein Taxi nach Hause, obwohl ich mir das im Moment nicht leisten kann. Ich will den Begriff »Flucht aus der Freiheit« googeln. Aber das Internet geht nicht.

Nachts, zwischen Fetzen angstgequälten Halbschlafes, fällt mir ein, was vorher an der Wand hing. Es waren Fotos von Amys Verlobtem. Von ihm aufgenommene Polaroids des immer gleichen Motivs, ich weiß nicht mehr, was drauf war, tippe aber auf etwas Verschwommenes, das als parapsychologisches Phänomen hätte durchgehen können. Ich erinnere mich auch an ein Gespräch mit diesem Mann, das einzige Gespräch, das ich jemals mit ihm geführt habe, ein Gespräch bei einer Genderswap-Party an Silvester darüber, dass er nach dem Betrachten von Kunstwerken psychisch Kranker unter Nesselsucht und halluzinatorischen Anfällen zu leiden begonnen und Angst vor einem Teil in sich selbst bekommen habe, einem Teil in ihm, der nichts lieber wollte, als Amy aufzuessen. Er wollte sie erstechen und aufessen. Dagegen nahm er Medikamente. Die halfen. Ich war als Rapper verkleidet.

Außerdem erzählte er, dass er mal Arzt gewesen sei und in der Notaufnahme immer mit den Folgen aus dem Ruder gelaufener sexueller Praktiken zu dealen gehabt habe. Mir war vor dem Gespräch bereits klar gewesen, dass Menschen sich Fremdkörper in den Arsch schoben, aber das, womit dieser Mann angeblich konfrontiert worden war, überstieg jede noch so kühne Vorstellung. Fing bei Literflaschen Softdrinks an, die dann im Körper zersplitterten. Und hörte bei lebendigen Tieren auf, Hamster, Ratten, die durch ein Rohr eingeführt wurden, irgendwo im Eingang er-

stickten oder sich durch die Darmschlingen zu fressen begannen. Ich wurde fast ohnmächtig. Er lächelte
milde. Ich sagte ihm, dass es keinen schlimmeren Tod
für mich gebe, wirklich nicht. Dann lieber andersrum. Von einem Krokodil verschlungen, bei vollem
Bewusstsein zuerst zerfleischt und dann von dessen
gewaltiger Magenmuskulatur über Stunden verdaut
werden. Aber sich von innen zerfressen zu lassen,
nein, so etwas DÜRFE NICHT PASSIEREN.

»Und stellen Sie sich nur den Weg in die Notaufnahme vor«, sagte er nachdenklich.

»Wird man wegen Tierquälerei angezeigt, wenn
man das überlebt?«, fragte ich.

»Eher wegen Sachbeschädigung. Sofern es sich bei
dem eingeführten Hamster um den Hamster eines anderen gehandelt hat.«

Ich stellte mir den Weg in die Notaufnahme vor.
Ganz klar Taxi.

»Warum macht man so was?«

»Sich ein Tier einführen?«

»Worum geht es da? Leben in sich sterben lassen?«

Er zuckte mit den Schultern und strich die Falten
in seinem Abendkleid glatt, verwischter Lippenstift.
Erst jetzt bemerkte er, dass ihm einer seiner falschen
Wimpernkränze im Bart hing, er zupfte ihn aus den
Stoppeln, betrachtete ihn konzentriert, pustete ihn
mit geschlossenen Augen weg und seufzte dann: »Es
ist das Gegenteil von Gebären.«

Als Frau sah er aus wie eine der Geliebten von Mar-
lene Dietrich. Eine Rennbootfahrerin. Ich weiß ihren
Namen nicht mehr.

Drei Wochen später stürzte er sich aus dem zwölften Stock.

Bevor ich einschlafe, verfalle ich in eine Art okkultistische Dauerschleife. Spielfilmlänge. Wiederkehrende Bilder von unter die Haut geschobener Baumrinde und Hundewelpen, die irgendwelchen Göttern geopfert werden müssen. Der Traum, der darauf folgt, ist ruhig. Fast schön. Ein Spaziergang über einen Acker. Sonnenuntergang. Neben mir läuft eine Frau, in die ich drei Jahre lang unglücklich verliebt war. Wir schreien vor Lachen, ohne zu wissen, warum.

Am nächsten Morgen sagt Iskender am Telefon zu mir, dass Sonnenuntergänge einem Traumdeutungsportal im Internet zufolge auf die Annäherung des Unbewussten an den Verstand hindeuten würden. Ich antworte, dass ich in letzter Zeit einen Sonnenuntergang nach dem anderen geträumt hätte, lauter Sonnenuntergänge.

»An deiner Stelle würde mich das beunruhigen«, sagt er zu mir. Dann erzählt er, dass Amy gestern nach elf Bier vom Stuhl gefallen sei. Und dass er danach zur Musik der französischen Sängerin Zaz getanzt und hemmungslos geweint habe. Mischung aus Chanson und Elektropop. Neunzigerjahre. Er sei sich dabei wie ein betrunkener Georgier vorgekommen.

»Warum ausgerechnet Georgier?«

Das weiß er auch nicht.

Das Erste, was mir zu Georgien einfällt, ist Stalin. Entsprechend stelle ich mir Iskender als sentimentalen Diktator in einem Kurzfilm vor, in einem surrealen, eher dekorativ oder impressionistisch angelegten Kurzfilm, einer anspruchsvollen Modewerbung zum Beispiel.

Iskender mit schlecht angeklebtem Stalinbart vor einer Weltkarte, ein militärisches, zu großes Damenjackett über offenem Hemd am Leib, mit Rüschen wahrscheinlich noch, wie er Chansons auf einem Grammofon abspielt, heulend durch das in Kerzenschein getauchte Politbüro der Kommunistischen Partei schwankt und in einem Anfall von Melancholie und Nächstenliebe die Zwangskollektivierung der Landwirtschaft aufgibt. Wenn die ihn in Stalingrad so tanzen gesehen hätten, denke ich, dann wäre es sicher ganz nett geworden dort.

Das Zweite, woran ich denke, sobald von Georgien die Rede ist, ist ein georgisches Restaurant in der Nachbarschaft. Ein kleiner Vorbau an der Straßenecke zwischen Yogastudio und Puff. Der Ort erinnert an ein dreckiges Gewächshaus. Die Bodenfliesen ziehen sich bis zur Höhe meiner Rippen die Wände hinauf, oberhalb dessen dann nur noch Fenster, die Decke ist eine dreieckige glatte Fläche mit Lichterketten und Neonröhren. Schlechter Weißwein, Korbstühle. Und ein Koch hinter der Küchentheke, der am ganzen Körper tätowiert ist. Sensibler Schwergewichtsboxer mit Diamantohrring. Auf den beiden Fernsehern laufen Folgen der Kochshow, mit der er in seiner Heimat berühmt geworden ist. Es gibt Nusspasten und rautenförmige Blätterteigschiffchen, so groß wie eine Zeitungsseite, mit einem halben Kilo geschmolzenem

Käse drin, über die vor dem Servieren rohe Eier aufgeschlagen werden. Beim Essen fühlt sich das nach gol-
denem Schmieröl an. Ja. Als würde man den Magen
mit von der Sonne durchtränktem Schmieröl ausklei-
den, nicht gut, nicht schlecht, pervers. Ich bin da mit
Dustin, nach ein paar Bissen stellen wir fest, dass wir
unsere Jacken nicht ausgezogen haben. Es ist zu kalt.
Eins der Fenster ist im Arsch. Sieht gewaltvoll zerstört aus, nach in Drohbriefen eingewickelten Steinen.
Mein Blick wandert vom kaputten Fenster zurück
zum Koch, der sich inzwischen einen Schal umgewi-
ckelt hat und die Dauerschleife seiner eigenen Show
ansieht. Dann schaue ich zurück zum Fenster. Dustin
auch. Wir sehen uns an und wissen, dass sich im Kopf
des anderen dasselbe abspielt wie im eigenen. Wir
stellen uns vor, was der Koch später gegen die Kälte
unternehmen wird. Ich vermute, dass er ein passge-
naues Blätterteigquadrat zur Abdichtung backt.

Dustin vermutet, dass er ein überdimensionales
Teigschiffchen in der Größe eines Einzelbettes anfer-
tigt, 1,90 × 90 Zentimeter, um sich nachts hineinlegen
zu können. Ein selbstgebackener Polarschlafsack.

Das ist meine erste Assoziation, wenn der Begriff
Georgien fällt. Die kommt noch vor Stalin.

Ein Koch in Dustins Kopf, der in einem Schlafsack
aus mit Käse gefülltem Blätterteig pennt. Das Gegenteil von Nagetieren, die sich durch Darmschlingen
kämpfen. Hat natürlich auch ein bisschen was von
einem Sarg. Vielleicht liest der Koch dadrin noch was
zum Einschlafen. Dostojewski zum Beispiel. Von dem
ich seit gestern weiß, wie alt er war, als er zum Tode

verurteilt wurde. Er war achtundzwanzig, ein Jahr älter als Dustin.

Man hat Dostojewski vor ein Erschießungskommando geführt, ihm einen Gewehrlauf in den Nacken gedrückt und in letzter Sekunde begnadigt. Als hätte Gott ihn zu einer Hybridgestalt machen wollen, zu einem Wesen zwischen den zu früh Gestorbenen und denen, die dieses Feuer ihrer suizidalen Jugend im Alter gut genug verwalten können, um es für den Rest der Bevölkerung nachvollziehbar zu machen.

Der verbindet diese, äh, innere Glut 😵 von an ihrer Umwelt zugrunde gegangenen Halbstarken mit dem Bewusstsein von jemandem, der dank Sensibilität oder Feigheit zu lange überleben musste.

Ja. Interessant.

Dostojewski hat die Versöhnung aller Widersprüche angestrebt. Angestrebt ist hier wirklich das falsche Wort. Er hat sie mit glühender Leidenschaft zu erkämpfen versucht. Liebe war keine Selbstverständlichkeit für ihn, sondern die immer neue Verkettung unterschiedlichster Bekloppheiten, Mitleid, Hass, Selbstauflösung.

Und wenn wir schon mal dabei sind, können wir uns direkt auch noch den anderen Typen widmen, Balzac zum Beispiel, der im Jahr von Napoleons Machtergreifung geboren wurde und deshalb am Schreibtisch wenig mehr wollte, als die ganze Welt zu erobern.

Dickens, Charles Dickens, der gerne mal eine Tragödie geschrieben hätte, aber immer nur pathetische, präzise Melodramen schuf, gefangen zwischen Tradition und Genie, seine Hauptleistung bestand vielleicht darin, dass seine Leser Waisenkindern mehr Geld zusteckten. Jedes seiner Bücher hört ungefähr gleich auf, das Ziel aller Wünsche sämtlicher Figuren ist ein Cottage mit Enkeln darin. Bei Balzac ist es ein Schloss. Oder viel Geld. Bei Dostojewski will niemand irgendwas. Die Menschen wollen nichts. Und auf der Suche nach diesem Nichts verbrennen sie. Sie wollen verbrennen.

Und dann gibt es auch noch Goethe. Und dessen Helden, die sich am Schluss nur deshalb vollständig entwickelt haben, weil das deutsche Genie immer nach Ordnung strebt. Das ist das Problem. Das Problem der Ordnung von Erzählungen. Man hält das, was am Schluss von Entwicklungsromanen passiert, für eine unumgängliche Konsequenz des menschlichen Daseins. Dabei ist es nur der Zwangsneurose eines Schriftstellers geschuldet. Dem Ordnungswahn von Goethe. Dass dessen Radiergummis parallel zur Tischkante liegen mussten, ist der Grund dafür, dass wir alle glauben, man trete aus dem chaotischen Dickicht schmerzhafter Erfahrungen schlauer heraus, als man reingestürzt ist.

Ich weiß, dass es früher noch keine Radiergummis gab.

Am nächsten Tag hilft Iskender mir dabei, meinen Boxsack am Schaukelgerüst im Garten aufzuhängen, er steht auf einem kleinen Holzstuhl, versucht, die Aufhängevorrichtung über den Balken zu stülpen, muss irgendwann springen, weil er drei Zentimeter zu klein ist, springt also mit einer Schlinge aus belastbaren Kunststofffasern mehrmals hintereinander auf dem Stuhl herum, in dieser konzentrierten Hysterie, die ehrgeizige Leute ereilt, sobald sie an etwas zu scheitern drohen. Er schafft es. Ich applaudiere. Als ich in sein Gesicht sehe, begreife ich zum ersten Mal, was Menschen meinen, wenn sie von Augenringen sprechen. Dunkle Schatten, wie Wasserfarbe, pandamäßig. Aber ruhig. Er ist ruhig und außer Atem. Dann wiederholt sich die Situation in Breitbildeinstellung vor meinem inneren Auge. Und ich sehe, wie ein Mann, dessen bester Freund sich vor ein paar Wochen erhängt hat, mit einem Seil an einem Holzgerüst hochspringt und daran einen Boxsack befestigen soll, der in etwa so schwer sein müsste wie Dustin.

Wir wissen nicht, ob Dustin sich wirklich erhängt hat. Weil wir das nicht wissen wollten. Aber er ist in den Wald gefahren und hatte seine Knarre nicht dabei, deshalb tippen alle auf Strick.

Iskender fragt, woran ich grade denke, macht er öfters, und ich antworte wahrheitsgemäß, woran ich gerade gedacht habe. Daran, dass ich aus dem Traum, dem Traum mit dem Spaziergang, zu irgendeiner lebensbejahenden Stadionhymne aufgewacht bin, *Life is Life* wahrscheinlich, die sich praktisch über die Grenze in die Realität geflüchtet hatte, ich schlug die Augen auf und wurde wach, aber das Lied, das zum Sonnenuntergang in weiter Ferne vor sich hingewummert hatte, lief noch immer.

Nachts träume ich irgendwas von Tinder und Denkmalschutz. Ich wache auf, genau zu der Uhrzeit, nach der Sarah Kane ein Theaterstück über ihre Psychose benannt hat. Und stinke, ich rieche den bestialischen Gestank meines eigenen Angstschweißes, der nichts mit dem vorangegangenen Traum zu tun haben kann.

Beunruhigt schlafe ich wieder ein. Der nächste Traum spielt sich im Urlaub ab, Tirol oder so. Kuhweide und Wanderwege vor einem Bergpanorama. Dustin und Iskender joggen eine Runde im Kreis, ich schaue ihnen aus der Entfernung zu. Dustin lacht, Iskender sieht aus wie David Beckham. Die nächste Runde joggt Dustin ohne Iskender, und sein Gesicht ist verändert, ernster. Er ist auch kein Mann mehr, sondern eine Frau. Die Frau, die Dustin ist, bleibt an einem Zaun stehen, von dem ich weiß, dass er unter Strom steht. Sie atmet ein und holt einen überdimensionalen Revolver aus ihrer Handtasche, wie eine Packung Zigaretten, hält ihn sich an die Schläfe und drückt ab, bricht aber nicht sofort zusammen, weil sie abgerutscht ist, sie hat sich den halben Schädel weggeschossen, aber noch nicht das Bewusstsein verloren, beide Augen sind offen. Ich sehe ihr frontal ins Gesicht, aber sie sieht mich nicht. Als hätte ich mit einem Teleskop aus dem Weltall an sie herangezoomt. Ich erkenne, dass es sich bei dem Gesicht um mein eigenes handelt. Verwischte Schminke, Überreste eines Heulanfalls aus vergangenen Tagen, die Veräußerung von Gefühlen liegt in diesem Zustand jedoch hinter ihr, das ist nur noch ein zielgerichtetes, konzentriertes, erschöpftes Starren ins Jenseits. Sie setzt die Knarre erneut an, um die Sache zu Ende zu bringen. Aber die Knarre funktioniert nicht, keine Munition mehr. Sie legt genervt den Kopf in den Nacken. Als ob ihr Auto nicht anspringen würde. Als ob der ADAC zu lange bräuchte. Sie lässt sich in den Elektrozaun fallen und wartet mit zur Hälfte weggeschossenem Kopf, mit aus der Schläfe quellender Gehirnmasse und dem unter Stromschlägen zitternden Rest ihres Körpers darauf, dass sie endlich stirbt.

Als ich aufwache, dämmert es. Ich gehe in die Küche, trinke eine Tasse aufgefangenes Nudelwasser von vorgestern und ahne, dass ich mich umbringen muss. Dann starre ich den Feuermelder an und sehe, wie sich ein Streifen vom Sonnenaufgang in der Keramikfassung spiegelt. Ich gehe raus. Dort setze ich mich auf eine dicke Wurzel, Rücken am Boxsack, und spüre den Schweiß in meinen Kniekehlen. Es ist halb sieben, kurz bevor der Himmel in einem speziellen Rotton zu knallen anfängt. Ich sitze da, als hätte man mir Kunststoff zwischen zwei Hautschichten gespritzt, der sich langsam in meinem gesamten Körper ausbreitet und verhärtet. Und ich spüre die Maden. Sie regnen nicht mehr auf mich herab, sondern beginnen, sich von außen nach innen durch meine Poren zu quetschen.

Ich gehe wieder nach oben. Ich lese ein Buch von Nabokov zu Ende. Auf den letzten Seiten stoße ich auf eine seiner zahlreichen unpräzisen Beschreibungen des Himmels. Er beschreibt den Himmel als »poliert«.

Man ahnt, was gemeint sein könnte, aber auch, dass der Vergleich hinkt. An einer anderen Stelle schreibt er, der Himmel sei aus Platin. Ich gehe sämtliche Zustände des Himmels durch, die ich in meinem Leben habe beobachten dürfen. Das dauert ungefähr fünfzig Minuten. Ich komme nicht darauf, was Nabokov mit diesem Vergleich gemeint haben könnte. Mir fällt wirklich kein Zustand des Himmels ein, der diesem Vergleich gerecht wird. Ich beginne, Nabokov für unpräzise zu halten. Auf der nächsten Seite vergleicht er die Wimpern eines Mannes mit Silberfischen. Auch hier weiß ich nicht, worauf der Autor hinauswill.

Es vergeht Zeit. Gegen vierzehn Uhr sieht der Himmel aus wie ein Küchenbrett aus weißem Plastik, auf dem jemand Radieschen in Scheiben geschnitten hat. Fünf Stunden später eher nach mit Fruchtsaft verdünntem Öl. Ein unberechenbares Gewaber, ein geschmolzener Felsen. Dunkelgraue, tiefe Wolken und eine Wand aus Regen. Ich gucke den ganzen Tag aus dem Fenster. Nur einmal kurz nicht, weil ich ein Bild von meinem Hund machen will. Er hat sich zum Schlafen auf mein Scrabblespiel gelegt. Ich fotografiere das. Dieser Vorgang nimmt höchstens vier Sekunden in Anspruch. Als ich wieder nach draußen blicke, ist alles grün und orange, das Gewaber ist innerhalb von zwei oder drei Wimpernschlägen zu einer explodierenden Fototapete geworden. Ein bisschen so stelle ich mir den Durchstich des Gotthardtunnels vor. Wenn Leute Autobahntunnel in die Alpen bohren, in Minerale, die zweihundertdreißig Millionen Jahre gebraucht haben, um aus alten Meeressedimenten zu einem Gebirge zu werden. Wenn Tunnelgräber die letzten Meter durchstoßen und dann das Licht sehen. Ich glaube, das fühlt sich ähnlich an.

Draußen dann Mückenheere. Echt so vertikale Netze aus Mücken und keine Sau unterwegs, der elitäre Vorort, in dem ich lebe, ist zu einem Dschungel geworden, zu tropischem Dickicht.

Ich schreibe diese Worte auf ein Puzzle. Auf recyceltes Papier, das auf dem Karton eines Puzzles liegt. Schloss Neuschwanstein, tausend Teile, Rand ist fertig, und ein Teil vom Blumenbeet ist auch fertig, dafür habe ich zwei Wochen gebraucht, während Iskender die Kreuzigungsliturgie von irgendeiner berühmten Kathedralendecke in einer Nacht geschafft hat.

Am Abend ist der Himmel in Ordnung, fast langweilig, grenzt an Kitsch. Ich sehe immer noch aus dem Fenster. Ich erinnere mich daran, dass es Leute gibt, die gerade dabei sind, an ihrer eigenen Zunge zu ersticken. Trotzdem sieht man ihnen in den wenigen Momenten klaren Bewusstseins an, dass sie am Leben bleiben wollen. Die wollen am Leben bleiben. Einfach nur, weil da ein Ast vor dem Krankenhausfenster ist und sie den gerne beobachten. Denen reicht es zu beobachten, wie dieser Ast sich im Wind bewegt.

WIE FÜHLT ES SICH AN,
EIN VERLETZTER KREBS ZU SEIN

Abdellatif ist vom Internat geflogen, weil er irgendein
Aristokratensöhnchen verkloppt hat. Seine Mutter
reagiert wie immer, sie reagiert, wie sie auf die zer-
kratzte Teflonpfanne reagiert hat und auf das Ende
ihrer Ehe mit dem spielsüchtigen Kunstauktionator
aus Cuxhaven. Sie reagiert mit einem Schulterzucken.
Mit einem kaum wahrnehmbaren Ausdruck in den
gesenkten schwarzen Augen, der ein solches Schuld-
bewusstsein in ihm hervorruft, dass er sich zur Wie-
dergutmachung ein Ohr abschneiden möchte. Macht
er aber nicht. Er lässt seine Tasche fallen und geht
duschen. Als seine Haare trocken sind, hofft er, dass
sie fragt, warum. Warum er den Typen verkloppt hat.
Macht sie aber nicht. Er erklärt es ihr trotzdem. Er erzählt von dem Reh. Zuerst erzählt er, dass die meisten Leute im Internat nie Kontakt zu Kindern gehabt
hätten, die ärmer waren als sie selbst. Die seien auch
selten in Städten gewesen, hätten immer nur mit dem
Landadel verkehrt und jedes Jahr eine neue Daunenjacke von Canada Goose in den Arsch gestopft gekriegt. Dann spricht er von dem Brei aus Infamie und

Niedertracht, der sich hinter den neoklassizistischen Mauern der Schule zusammengebraut habe. Seine Mutter nickt gelangweilt, sie kennt das alles schon. Sie bittet ihn, ihr Kleid zuzuknöpfen. Blaue Blumen auf Weiß. Sie hat es heute aus der Schneiderei geholt. Er knöpft ihr das Kleid zu, von oben nach unten, und erzählt, wie sich der Abiturient, den er verprügelt habe, mit zwei Kumpels mal den Mercedes seines Vaters geliehen und damit ein Reh totgefahren habe, spezielles Modell, irgendwie drei Buchstaben. »MVU?«, murmelt er.

»Kann nicht sein, das hat eher was mit Strafvollzug zu tun«, sagt seine Mutter.

Fette, getunte Karre jedenfalls. Mit der die Jungs nachts über die Landstraße gebrettert sind. Dann kam halt ein Reh, und sie haben es totgefahren. Sie sind zurück zu dem Vater und mussten ihm den Vorfall gestehen und den Schaden an der Front zeigen, eine kleine Delle mit Blutspritzern. Er war außer sich. Nicht weil die Jungs ein Tier totgefahren hatten, auch nicht wegen des Schadens, sondern weil der Schaden nicht groß genug war.

Wäre mehr kaputtgegangen, hätte die Versicherung für einen Neuwagen gesorgt. Also forderte der Vater die Jungs dazu auf, zurück zu dem Reh zu fahren und es aufzuheben und gegen das Auto zu schmeißen.

Aus irgendeinem Grund erinnert Abdellatif diese Geschichte an einen Film über europäischen Jagdtourismus in Zentralafrika, den er mal gesehen hat und in dem in voller Länge gezeigt wird, wie Metzger eine Giraffe ausweiden, auch das erzählt er seiner Mutter, aber sie unterbricht ihn mit dem berechtigten Einwand, dass das jetzt zu weit führe, sie sei im Stress, sie müsse gleich nach Brüssel.

Die Jungs sind dann zurück zur Unfallstelle gefahren. Zwei von ihnen sind ausgestiegen und haben das tote Reh aufgesammelt und gewartet, der dritte ist mit dem Auto weg, um zu wenden und wieder an ihnen vorbeizufahren. Sie haben zwei Scheinwerfer gesehen und das Reh dann wie vereinbart vor das Auto geschmissen, aber es war das falsche Auto, sie haben ein totes Reh auf die Motorhaube von irgendwem anders geschmissen, und da endet die Geschichte auch schon.

Ob der Vater je seinen Neuwagen gekriegt oder ob der Fahrer des anderen Autos in die Klapse gemusst hat, das weiß er nicht, das weiß niemand. Er weiß auch nicht, ob der Vorfall wirklich der Grund dafür gewesen ist, dass er dem Abiturienten gegenüber die Fassung verloren hat. Wahrscheinlich nicht. »Aber es ist eine gute Geschichte«, sagt er und seine Mutter stimmt ihm zu. Manchmal guckt sie wie ein kleines Kind, erste Klasse. Eine Siebenjährige, die zu erwachsen ist für ihr Alter. Zum Beispiel, wenn sie sagt, es sei gut möglich, dass sie Männer generalisiere.

Sie raucht schön. Qualifiziert und gleichgültig. Wenn er ihr nach langer Zeit wieder begegnet, denkt er manchmal an ein Topmodel aus den Siebzigern. Er denkt daran, wie dieses Model in Japan nach einem Mann für ein Fotoshooting gesucht hat, der größer sein sollte als sie. Im Grunde war das aussichtslos, sie war 1,90. Aber sie hat einen gefunden. Sie und ihr

Team haben diesen zwei Meter großen, wunderschö-
nen Nomaden gefunden, Analphabet, der Zigaretten
mit einem Atemzug geraucht hat. Er holte einmal Luft,
und die Zigarette war weg. Dann zündete er sich eine
neue an.

Bei ihrer ersten Begegnung haben die beiden eine
Menschenrechtsanwältin gezeugt. Diese Menschenrechtsanwältin ist seine Mutter.

Als sie aus Brüssel zurückkommt, von einer Verhand-
lung über irgendwelche Sanktionen gegen Russland,
fasst sie ihren Aufenthalt im EU-Parlament wie folgt
zusammen: »Ich bin ja nicht viel jünger als die alle.
Aber irgendwie auch doch.«

Im Flugzeug hat sie zweihundert Seiten in einem
Buch über das Kaspische Meer gelesen. Sie bezeichnet es als »Fragment der Trauer«. Sie steht im Türrahmen seines Zimmers und befreit ihre japanische
Strickjacke von Tierhaaren, dafür hat sie eine neue
Fusselrolle ausgepackt und die Plastikfolie auf seinem Bücherregal abgelegt. Ihr fällt ein, dass sie ihm
ein Buch zeigen wollte. Macht sie dann auch. Sie holt
einen Bildband aus dem Regal. Ein Bildband von jemandem, der mit sechsundzwanzig angefangen hat
zu fotografieren und das Gegenteil von Minimalis-
mus macht. Der Fotograf ist mit sieben Schwestern
aufgewachsen.

»Spielt vermutlich eine Rolle«, sagt sie.

Es ist ein Bildband über Bergarbeiter. Südamerika.
Er beinhaltet Fotos einer Goldmine von schräg oben.
Und das sind Bilder, die deutlich machen, was es heißt,

sich vierzehn Stunden lang mit Dynamit durch Gestein sprengen zu müssen.

Dann zeigt sie ihrem Sohn die Fotos von den Pinguinen. Und das Foto eines verletzten Krebses. Und das überdimensionale Foto der Hand einer Echse, das den Betrachter praktisch selbst zu einer Echse macht.

Am nächsten Morgen steht er mit ihr vor dem Badezimmerfenster. Sie sagt, das alles hätte was von einem Gemälde. Der Blick auf den See und den Himmel, der sich aus oft ineinander übergehenden Pastellstreifen zusammensetzt. »Daran liegt es aber nicht, es liegt nicht am Himmel«, sagt sie. Sondern an der dünnen Eisschicht auf dem Wasser. Das sieht aus wie ein Foto vom japanischen Meer. Kleine weiße Flächen wie Schaumkronen.

Auf dem Küchentisch liegt geschälte Rohkost in einer durchsichtigen Plastiktüte, sie monologisiert am Telefon über irgendeine Situation, die Abdellatif nicht begreift. Sie sagt, dass die sowjetische Besatzungszone damals auch kein unkoordiniertes Chaos gewesen sei, sondern nach der Logik des harten, brutalen Geheimdienstes funktioniert hätte, das Vorgehen sei immer gleich gewesen, identifizieren, eliminieren, und das gelte jetzt eben auch hier, das hätte damals nichts mit Politik zu tun gehabt, und das hätte auch jetzt nichts mit Politik zu tun, sagt sie. Alle denken, da herrsche Planlosigkeit und sonst nichts, dabei sei das keine Planlosigkeit, das sei reine Brutalität, sagt sie. Er weiß nicht, mit wem sie telefoniert. Aber es ist ernst. Dann legt sie auf und geht mit den Hunden spazieren.

Als sie zurückkommt, erzählt er ihr, warum er den Abiturienten verprügelt hat. Warum er ihn wirklich verprügelt hat. Und dann sieht er etwas in ihrem Gesicht, das nichts mit abgeklärter Überlegenheit zu tun hat. Er sieht Erstaunen. Er hat sie zum ersten Mal in seinem Leben überrascht.

MÄUSESTICKER

Ich wollte sie besuchen, aber sie war nicht da. Ich gehe durch das Gartentor zurück zu meinem BMW X3. Am Ende der Straße sehe ich sie mit den Hunden. Sie telefoniert auf Englisch. Sie legt auf und schüttelt den Kopf. Mischung aus Schaudern und Enttäuschung. Sie winkt und läuft auf mich zu. Sie nimmt einen der Hunde auf den Arm, lässt mich dessen Pfote auf Splitter untersuchen und zeigt mir danach einen Sticker des Hundes auf ihrem iPhone. Es ist ein Sticker, den ihre Nichte erstellt hat, eins der überdimensionalen Piktogramme zur effektvollen Gestaltung von Whatsapp-Chats. Es gibt auch einen Sticker von dem anderen Hund. Der sieht als Sticker wie ein Hefegebäck aus. Es gibt sogar einen Sticker von mir. Im Wetsuit. Surfbrett unter dem Arm. Ich strecke den Daumen der rechten Hand nach oben, als wäre ich ein übermotivierter Personal Trainer. Ich bin das Gegenteil, deshalb müssen wir lachen. Der vierte Sticker ist das ausgeschnittene Gesicht einer Babyfledermaus namens James, deren Entwicklungsprozess Silvia auf dem Youtube-Kanal der Wildhüterin verfolgt, die sie gefunden hat und jetzt großzieht. Die Videos hätten ihr Verhältnis zu Fledermäusen grundlegend verändert, sagt sie. Sie geht aber nicht näher darauf ein.

Geantwortet hat sie ihrer Nichte mit einer Maus. Aber aus Versehen. Sie hasst diese Mäuse. Das sind Sticker, die sich seit dem Update des Betriebssystems immer selbst verschicken. Die verschicken sich selbst, wenn ihr Handy in der Hosentasche ist und die automatische Bildschirmsperre nicht funktioniert. Sie kann nichts dagegen tun. Das sind Sticker, vor denen sie sich ekelt. Die sehen wie aufgequollene Emojis aus. Der daumengroße Kopf einer Cartoonratte mit Herzen statt Augen. Sie hat die vor Kurzem auch einem türkischen Journalisten geschickt, der in seiner Heimat wegen Spionage angeklagt worden ist und nach Deutschland will. Sie haben am Telefon über seine Flucht gesprochen. Aufgelegt. Und beim Spazierengehen hat sie dann aus Versehen vierundzwanzig Mäusesticker an ihn gesendet.

Man muss sich das mal vorstellen.

Ein verfolgter Intellektueller auf der einen Seite. Und auf der anderen die elitäre Menschenrechtsanwältin, die zur Kontemplation eine naturgeschützte Talsenke entlangstapft, weit und breit keine Sau zu sehen, und über Maßnahmen für Leute nachgrübelt, die sich gerade auf der Schnittstelle zwischen zwei weltpolitischen Abgründen vor dreißig Jahren Gefangenschaft fürchten. Existenzielle, miteinander zusammenhängende Verzweiflung an zwei konträren Orten der Welt. Die darin kulminiert, dass eine höhere Gewalt die Bilder beseelter Mäuse von einem zum anderen schickt. Ich wiederhole: vierundzwanzig Mäusesticker.

Abends berichte ich Eva von den Mäusestickern. Sie lacht. Ihr fällt dazu sofort die Geschichte ein, die uns Theresia vor Kurzem beim Japaner erzählt hat. Eine Geschichte darüber, wie sie mal besoffen, nach einem schlechten Date, den Namen desjenigen, mit dem sie das Date hatte, bei Facebook eingeben wollte. Online-Stalking. Sie hat den Namen aber nicht in die Such-leiste eingegeben, sondern in die Leiste, in der man seinen Status aktualisiert. Dann ist sie eingeschlafen. Erst am nächsten Morgen sah sie, dass sie den Namen ihres schlechten Dates veröffentlicht hatte. Nur den Namen. Sonst nichts. Dreiundachtzig Likes.

Eva sagt, das sei die bessere Geschichte. Das sei die bessere Geschichte, weil sie nicht nur die Willkür der Digitalisierung offenlege, sondern auch die eigene In-tention. Ich stimme ihr zu. Sie hat recht, wie immer. Das wäre die bessere Geschichte gewesen. Aber ich hatte keine Lust, sie aufzuschreiben.

AIRRAMP

Für F. Holzinger

Tschlix hat eine Art Säckchen am Arm hängen, oder eher ein Kissen, sieht nach parasitärer Babyqualle aus und fühlt sich auch so an. Als hätte sich ein wirbelloses Tier unter ihrer Haut eingenistet. Sie bittet mich, das Ding anzufassen. Halbe Minute vorher wollte sie mir noch mit der Faust ins Gesicht schlagen. Dann ist ihr beim Ausholen das Säckchen aufgefallen. Die Kapsel in ihrem Ellbogen ist seit zwei Wochen zermatscht. Jetzt beginnt sich da Flüssigkeit zu sammeln. Die korrekte Bezeichnung für diese Flüssigkeit fällt ihr nicht ein, mir auch nicht, ich sage: »Jedenfalls kein Eiter.«

Und sie sagt: »Ja.«

Meine Beine sind hinter ihrem Rücken verschränkt, ich liege auf dem Boden und quetsche ihre Nieren mit den Oberschenkeln zusammen. Man kann jemandem in dieser Position Schaden zufügen. Blutzufuhr unterbrechen, Knochen zertrümmern. Hätte ich als Kind mehr Kniebeugen gemacht als Tschlix, könnte ich ihr jetzt die Rippen brechen. Habe ich aber nicht. Sie ist stärker und wird es immer bleiben, sie macht den Scheiß hier seit der Vorschule, jeder Muskel in ihrem

Körper ist mit der Bestimmung gewachsen, sich nicht durch Fremdeinwirkung kontrollieren zu lassen.

Das mit der Kapsel ist auch nicht beim Kämpfen passiert. Sondern auf dem Weg zum Training. Fahrradunfall. Das ist immer so. Demselben Phänomen ist mein Onkel zum Opfer gefallen. Felskletterer. Er hat barfuß und ohne Sicherung Steilwände in den Alpen bestiegen, ist dann aber nicht beim Sturz von einem gefrorenen Wasserfall gestorben, sondern danach, auf der Autobahn, als das Adrenalin diesem gechillten Größenwahn gewichen ist, dessen Wirkung vermutlich vergleichbar ist mit der von Heroin. Wir sind alle nicht beim Sport gestorben. Wir sind danach gestorben. Vom Highway abgekommen oder am Proteinriegel erstickt oder unter einer Schneedecke erfroren. Ich grinse, Tschlix grinst auch ein bisschen. Dann macht sie vierzig Push-ups und geht sich umziehen.

»Hast du ein zweites Haargummi?«, frage ich. Meins ist zerrissen. Zum ersten Mal, seit ich sie kenne, rollt sie mit den Augen. Sie nimmt mir das Haargummi aus der Hand, knotet die beiden Enden wieder zusammen und gibt es mir demonstrativ behutsam zurück, als wäre ich ein kleines, körperlich eingeschränktes Tierkind. Ich schäme mich. Dann erzählt sie von einer Tanzperformance, die sie gesehen hat, in der einer Frau auf der Bühne Fleischerhaken durch die Haut zwischen den Schulterblättern gestoßen worden sind. Daran hat sich die Frau dann an Ketten aufhängen und in den Bühnenhimmel ziehen und durch die Luft schleudern lassen. Tschlix fasst die Stelle an meinem Rücken an. Und als ich sie frage, was sie daran so fasziniere, sagt sie, dass das einfach eine Gruppe von Menschen sei, mit der sie was anfangen könne. Mehr nicht.

Ich sage, dass das zu weit gehe, dass sich das nach einer gedankenlosen, provokativen Grenzüberschreitung anhöre. Ich frage, ob das wirklich sein müsse. Und sie wird wütend.

Wenn sich jemand Fleischerhaken in den Rücken rammen und daran durch die Luft schleudern lasse, sagt sie, dann habe das nichts mit Grenzüberschreitung zu tun. Auch, wenn die Zuschauer ohnmächtig werden und ein paar Wochen lang Albträume haben. Das mit den Fleischerhaken ist eine kalkulierte Angelegenheit, hat echt was Technisches. Ein selbstverletzender Vorgang wird zu einer professionellen Sportübung. Und dann kann Schwertschlucken ungefährlicher sein, als am Schreibtisch zu sitzen. Sich von Pyrotechnikern in Brand setzen zu lassen harmloser, als besoffen ein Streichholz anzuzünden. Die Frau an den Haken hat keine Angst vor dem Schmerz, sie hat vielleicht Angst, dass ihr Fleisch reißt. Sie weiß, dass das nicht passieren kann. Aber das ist das, wovor sie Angst hat.

»Was ist denn dann die Grenze?«, frage ich.

»Der Tod wahrscheinlich«, sagt sie. »Aber wenn sich jemand entschließt, sich vor dem Publikum umzubringen, überschreitet er natürlich auch diese Grenze. Das ist alles schon vorgekommen.«

Am Nachmittag geht Tschlix joggen. Sie läuft durch einen Waldabschnitt hinter der Autobahnbrücke. Sie vermutet, dass man diesen Abschnitt als Unterholz bezeichnet. Sie weiß aber nicht genau, was Unterholz überhaupt ist, jedenfalls Stock und Stein, so verschieden hohe Berge aus Kiefernnadeln und Junkieabfall. Sie hört eine Radiosendung, in der die Choreografin, die die Tanzperformance inszeniert hat, über sich und ihre Arbeit spricht. Eine Frau, die sich auf der Bühne ab und zu nackt einen Nagel in die Nasenscheidewand schlägt. Oder sich blutüberströmt auf fliegenden Motorrädern räkelt. Die Choreografin behauptet, dass es dem Publikum Angst mache, wenn sie ohne Unterhose durch die Sitzreihen laufe. Dass Menschen Angst hätten vor nackten Frauen. Als wäre die einzige logische Konsequenz dieser Nacktheit, dass ihr eine Kalaschnikow in die Arme falle und sie damit alle niederzuschießen beginne. Die Choreografin ist älter als Tschlix, aber nur ein bisschen. Sie sagt, wenn man Angst vor Feuer habe, müsse man sich in Brand setzen lassen. Wenn man Angst habe zu fliegen, müsse man Fallschirmspringen lernen.

Sie hatte einen Bühnenunfall. Sie ist aus sieben Metern Höhe aus dem Bühnenhimmel gefallen und im Krankenhaus aufgewacht. Danach wollte sie eine Maschine werden. Sie wollte eine Maschine sein. Jetzt will sie keine Maschine mehr sein.

Die Choreografin antwortet in der Radiosendung auf die Frage, die ich Tschlix morgens gestellt habe. Sie erzählt von der einzigen Grenzüberschreitung, die sie auf der Bühne nicht gewagt habe. Es ist die Airramp. Sie hat darüber nachgedacht, eine Airramp auf die Bühne zu stellen und sich durch die Luft schleudern zu lassen. Aber das wäre zu weit gegangen, so formuliert sie das. Eine Airramp ist ein mechanisches Trampolin, das für Filmstunts in Explosionsszenen entwickelt wurde. Ein Katapult für Menschen, sieht aus wie die Hightechvariante dieser filzüberzogenen Holzobjekte, die im Sportunterricht immer vor den Springbock gelegt wurden. Sobald ein Mensch dieses Katapult betritt, schmeißt es ihn fünf Meter diagonal nach oben. Es tut das mit der immer gleichen Intensität, eine komplett berechenbare Maschine. Das Problem an dieser Maschine, sagt die Choreografin, sei ihre Zuverlässigkeit und dass sie immer auf die exakt gleiche Weise funktioniere. Das Gegenteil eines Tanzpartners, der sich auf dich einlasse und jede feine Abweichung der eingeübten Bewegungen ausgleichen kann. Du betrittst dieses Katapult jedes Mal in einem anderen Zustand. Die Maschine reagiert aber immer genau gleich auf dich. Das heißt, wo du landest, ist noch weniger einschätzbar als der Gesichtsausdruck eines Feindes, der dich in seiner Wut anspucken oder dir das Genick brechen könnte.

Nachts träumt Tschlix, dass ihr iPhone in einer Pfanne schmilzt. Bisschen wie Bleigießen. Danach träumt sie von der Choreografin.

Jedes Mal, wenn sie den Namen dieser Choreografin hört oder denkt, muss sie an ein feministisches Rapvideo denken, in dem die Choreografin mitspielt. Nackt. Die Kamera steht da einfach auf einem Tisch, sie kniet mit gepiercten Brustwarzen und ein paar Goldkettchen davor, versucht, sich einen Latexhandschuh von den Fingern zu ziehen, und scheitert. Dabei vermischt sich so eine spezielle, ironisierte Porno-Laszivität mit einem Gesichtsausdruck, der an sechsjährige Jungs mit Furzkissen erinnert. Sie wirkt wie jemand, eher männlich, der darüber lachen muss, dass er sich aus eigener Doofheit fast den Daumen gebrochen hätte.

Tschlix erinnert sich beim Aufwachen nicht mehr an den Traum. Nur noch daran, dass sie im Halbschlaf Stichworte in einem Buch notiert hat, damit sie ihn nicht vergisst. Es ist ein Buch über Soldaten im Zweiten Weltkrieg. Ich habe es ihr ausgeliehen. Ich dachte, sie könnte damit etwas anfangen. Aber sie hat es nie gelesen. Nur diesen Fetzen aus ihrem Traum darin notiert. Auf Seite 955. Sie findet die Notiz unter einer dreizeiligen Auseinandersetzung mit der Frage, was heiliger als der kämpfende Mensch sein könnte. Da steht, in ihrer Handschrift: *Auflauf auftauen: 7500 Euro.*

Sie liest das. Mehrmals. *Auflauf auftauen: 7500 Euro.*

Nach kurzer Zeit erinnert sie sich. Sie erinnert sich an alles, was in dem Traum passiert ist. Eine Badewanne kam darin vor. Diese Badewanne hält sie allerdings für einen sogenannten Tagesrest. Sie hat nach dem Training eine Lupe vor ihr iPhone gehalten, um eines der neuen Emojis besser erkennen zu können. Gelber Frauenkopf, in einer Art sphärischem Nebel versunken. Weißes, schwer zu identifizierendes Getümmel im Hintergrund, das sich nach eindringlicher Betrachtung als Schaum offenbart hat.

Spa-Emoji.

Sie hat geträumt, dass sie Fotos in einer Badewanne findet. Fotos von sich und der Choreografin, die ein wenig an die entscheidende Szene in *Titanic* erinnern. Außerdem findet sie einen Katalog. Auf den Fotos in dem Katalog räkeln sich Tänzerinnen in Pornoposen. Haben aber ihre Klamotten an. Es ist ein Katalog, in dem Frauen Dienstleistungen gegen Geld anbieten. Aber keine unmittelbar körperlichen Dienstleistungen. Kein Auspeitschen, keine Blowjobs, kein Geschlechtsverkehr. Sondern Unterstützung im Haushalt. Das ist ein Katalog für Männer mit Hausfrauenfetisch. Das Design erinnert an Werbespots aus den Fünfzigern, die Schrift hingegen eher an mittelgute Provinzhotels, an Flyer, auf denen Romantikwochenenden beworben werden. Man denkt da nicht an Sex, sondern an billigen Sekt, an Mikrowellen, an zu Lotusblüten gefaltete Waschlappen.

Unter den Fotos stehen die Preise für die Dienstleistungen. Als wäre das ein Katalog mit zu ersteigernder zeitgenössischer Kunst. Ist es vielleicht auch.

Bodenwischen: 18 000 Euro
Bügeln: 6000 Euro
Auflauf auftauen: 7500 Euro
Etwas einfrieren: 3216 Euro

Neben den angebotenen Handlungen sind entsprechende Bewegtbilder von der Choreografin und ihren Tänzerinnen abgedruckt, fast wie Teaser, die in dem Moment, in dem es spannend wird, das heißt, in dem Moment, in dem die Frauen den Staubsauger einschalten oder den Deckel der Tupperdose abzuziehen beginnen, von einer schwarzen Tafel unterbrochen werden, über die sich der Satz *Wanna see more?* und eine Kontoverbindung ziehen.

Tschlix weiß nicht, ob sie eine der Tänzerinnen war oder einer der Männer, an die der Katalog sich richtete. Das macht sie fertig. Am nächsten Morgen trainieren wir. Beim Umziehen erzählt sie mir von dem Traum. Ich schreie vor Lachen.

Dann fragt sie, wie es meinem Vater gehe.

»Okay, aber nicht mehr lange«, sage ich.

Und sie fragt, ob ich gestern Party gemacht hätte.

Ich sage Ja. Ziemlich. Und erzähle, dass mir jemand LSD in meinen Espresso Martini gekippt hat. Und dass ich irgendwann gemerkt habe, dass was nicht stimmt. Amy hat mich nach Hause gefahren und mir eine Decke über die Augen gelegt. Sie wollte auf mich aufpassen, aber sie ist eingepennt. Ich hatte Panik, ich hatte wirklich Panik und bin nach draußen gegangen. Und dann sage ich Tschlix, dass ich mich in diesem Moment der Todesangst, des denkbar größten Kontrollverlusts, an das Haargummi erinnert habe. Und an ihren abfälligen Blick. Ich dachte an das kaputte Haargummi und daran, dass ich es einfach selbst wieder hätte zusammenknoten müssen. Und dann bin

ich in ein Taxi gestiegen und habe den Taxifahrer ge-
beten, immer nur das zu tun, was ich ihm sage, also
meinen Halluzinationen folgend immer dorthin zu
fahren, wo es gut aussieht. Ich wollte diese unfreiwil-
lige Drogenerfahrung zu etwas machen, das ich im
Griff hatte. Klassischer Fall von Selbstermächtigung.
Links abbiegen, da ist es hell. Besser als rechts abbiegen, wo irgendwelche Fangarme aus schwarzem Teer
nach mir greifen. Ich weiß nicht mehr, wie ich den
Typen bezahlt habe. Am Ende habe ich aber auf einer
Bank im Stadtpark gegessen, von der aus man durch
ein paar Löcher in der Hecke ins Büffelgehege des an-
grenzenden Tierparks sehen kann, und die Bäume
haben mich verschlungen, haben sich über mich gebeugt und mich dann aufgegessen oder eher verzehrt,
oder was weiß ich, und dann bin ich gestorben. Und
seitdem habe ich keine Angst mehr vor dem Tod. Und
das ist ihr Verdienst. Das ist ganz klar der Verdienst
meiner Freundin Tschlix.

»Danke, Schatz«, sage ich.

»Gern geschehen«, antwortet sie.

Dann kämpfen wir. Bisschen zu hart, sie blutet aus
dem Ohr. Ich verliere zwei Minuten lang mein räum-
liches Empfinden und kann die Hand, die ich mir vor
das Gesicht halte, nicht mehr erkennen.

Von außen sehen wir wie diese Vögel aus, die immer
so hüpfen. Leider vergessen, wie die heißen.

BEFREIUNGSKRIEGE

Ich heiße Indigo. Ich google meine erste Erinnerung. Die Skulptur eines militärischen Engels, die im Vorbeifahren praktisch zu fliegen anfängt. Ich war drei. In dem Auto saßen mein Bruder und meine Schwester und meine Mutter und mein Vater. Ich glaube, ich lag in einer dieser Babyschalen und glotzte aus dem offenen Schiebedach. Eine vergoldete Bronzestatue, fünfunddreißig Tonnen schwer mit Flügeln am Rücken. Ein Lorbeerkranz in der einen und eine Auszeichnung für herausragenden Mut in der anderen Hand. Das eiserne Kreuz. Ich erinnere mich auch noch an die Vorstellung, wie diese Statue als Miniaturversion in einem kleinen Hubschrauber in dem kleinen Hohlraum zwischen meinen Handflächen im Kreis fliegt, sobald ich zum Beten die Finger ineinander verschränke. Und daran, dass ich wusste, dass das Gott war. Bis heute ist das die beste Definition von Gott, die ich je gehört habe. Sie stammt von meinem dreijährigen Ich.

Am nächsten Tag erzähle ich meinem Onkel von dem Engel. Ich komme darauf, weil er sagt, dass die Haarsträhne in meinem Gesicht etwas Ritterliches hätte.

Ich sähe wie ein Ritter aus. Die hätten doch so Kopf-
bedeckungen gehabt. Wahrscheinlich meint er diesen
spätmittelalterlichen Helmtypus mit ins Visier ein-
geschnittenem Sehschlitz. Auch aus Eisen. Wie das
Eiserne Kreuz. Er unterbricht mich, als ich erzählen
will, dass es das erste militärische Tapferkeitsabzei-
chen war, das unabhängig vom Stand oder Dienstgrad
vergeben wurde. Ihm fällt dazu eher ein, dass Schinkel
es entworfen hat. Mein Onkel hat irgendein Ding mit
Schinkel am Laufen. Der steht echt auf Schinkel. Be-
eindruckendes Symbol, sagt er. Leider von den Nazis
geschändet. Man mache sich gar nicht bewusst, wie
nachhaltig die Nazis Kulturgüter geschändet hätten.
Dann kommt er übergangslos auf ein Denkmal hoch-
romanischer Baukunst in Quedlinburg zu sprechen.
Eine der ältesten unversehrten Kirchen der Welt, dreischiffige Basilika, die Nazis sind da einmarschiert,
haben das jahrhundertealte Gestühl und die Kanzel
und den Altar abgerissen und dann Hakenkreuze hin-
gezimmert und die Pappmascheeversion dessen, was
man sich in der Grundschule unter einem erhabenen
Gewölbe vorgestellt und dann sofort wieder verwor-
fen hat, weil es einem bereits im Alter von acht oder
neun Jahren zu trivial erschien. Diese Kirche wurde
zur Weihestätte des Nationalsozialismus umfunktio-
niert. Furchtbar, sagt er. Nachdem er von der Plastikphilosophie der Nazis gesprochen hat, erzählt er von
einem elf Quadratkilometer großen Areal, das für NS-
Massenveranstaltungen in Nürnberg errichtet worden
sei und aussehe wie eine schlechte Disneykulisse, und
dann beteuert er, dass er sich lieber hätte einkerkern

lassen, als »Heil« zu sagen, er wäre in Gelächter ausgebrochen, wenn er »Heil« hätte sagen müssen. Danach sofort wieder Schinkel. Ich glaube wirklich, das war die Reihenfolge. Goldener Engel, Kreuz, Schinkel, Nazis, Plastikphilosophie – und wieder zurück zu Schinkel, genauer gesagt zu einer von ihm entworfenen Kirche irgendwo zwischen dem Stadtschloss, dem Parkhaus der Oper und dem Hotel, auf dessen Vorplatz 1933 die Bücherverbrennungen stattgefunden haben und in dem ich 2018 meine ersten sexuellen Experimente mit mehr als drei Leuten gleichzeitig erlebte, zu denen unter anderem auch ein russischer Architekt gehört hat, der inzwischen wegen Geldwäsche im Gefängnis sitzt.

Von der Schändung, der kopflosen, wahnsinnigen, vollkommen ungeschickten und deshalb besonders gravierenden Schändung deutscher Kulturgüter durch die Nazis, kommt mein Onkel zur Schändung eines der bedeutendsten Baudenkmäler Deutschlands durch dreiste Investoren. Die haben Luxusneubauten errichtet, hässliche weiße Quader mit großen Fenstern, von denen diese Kirche jetzt praktisch eingekerkert ist. Dann haben sie eine Grube für die Tiefgarage ausgehoben, und die Kirche ist zerrissen. Irgendwas mit der Statik. Da zog sich ein Riss das Gewölbe hinauf, Altarstufen sind abgebrochen und Pfeiler, wie bei einem schweren Erdbeben, wenn sich plötzlich die Erde spaltet, wirklich apokalyptisch. Risse, die sich vom Boden zur Decke ziehen und zu zentimetergroßen Spalten anwachsen. Darüber echauffiert er sich. Ungefähr in derselben Lautstärke, in der er seinen Hund manchmal dazu auffordert, sich endlich hinzusetzen.

Was kommt dann? Ah, ja. Dann fügt er noch etwas zur Neuen Wache hinzu. Auch so ein Denkmal für die Befreiungskriege. In diesem Denkmal stand lange ein Granitblock. Ein schwarzer Granitblock mit einem Eichenlaubkranz aus Gold und Silber. In der DDR wurde der Ende der Sechziger durch eine ewige, über der Urne eines anonymen KZ-Häftlings brennende Flamme ersetzt, später tauschte Helmut Kohl die Flamme dann durch eine stark vergrößerte, willkürlich aufgeblasene Skulptur von Käthe Kollwitz aus, eine Mutter mit ihrem toten Sohn im Arm. Auch so eine geschmacklose Idiotie. Er könne verstehen, dass Eichenlaubkränze ein bisschen negativ besetzt gewesen seien nach dem Dritten Reich. Da dann aber so eine aufgepumpte Kitschfigur aufzustellen, das gehe trotzdem zu weit, er könne sich nicht helfen, das gehe echt zu weit.

Mir gefällt das ganz gut. Sage ich zu ihm. Wirklich. So eine kleinbürgerliche Geste. Finde ich irgendwie cool. Wir knallen da jetzt einfach mal irgendwas Beklopptes hin, wo vorher dieser Granitblock rumstand. Das hat was.

Er fragt, wie es meinen Geschwistern gehe.

»Gut«, sage ich. Dann ist der Besuch vorbei.

Zu Hause gibt es irgendeinen Anlass für eine Panikattacke. Kaputte Mülltüte oder so. Panikattacke ist ein Wort, das ich weder lesen noch schreiben noch benutzen kann, ohne mich zu fühlen, als hätte ich mich versehentlich einer massenkulturellen Strömung unterworfen. Das gleiche Gefühl hat vor einiger Zeit dazu geführt, dass ich meine Nikes wegschmeißen musste. Zu oft gekauftes Modell. Das Gegenteil von wertbeständig.

Zwei Tage später erzähle ich meinem Onkel von dem Versuch, eine durch Ausrufezeichen hervorgehobene Notiz von vor drei Jahren zu entziffern. Mir fällt nichts Besseres ein. Und ihm auch nicht.

»Ist es dir denn gelungen?«, fragt er.

»Ja, nach zwanzig Minuten.«

Dort stand: *Verspeisung der Bücher durch den Frosch.* ?????????

Dann erzähle ich, dass ich von meinem Ex geträumt hätte, von einem Passbild von ihm als glücklicher Teenagerin. Mein Onkel sagt, ich sollte mich weniger für die Liebe als für die Gefährdung meiner Grundrechte durch Psychopathen wie den zwischenzeitlichen Chefstrategen des amerikanischen Präsidenten interessieren.

Vor meinem nächsten Besuch streame ich zwei Dokumentationen über diesen Mann. Ich bezeichne ihn vor meinem Onkel als »regelrecht scharf«. Ich erzähle meinem Onkel, dass der sich immer ein bisschen uniformiere, Hemd über Poloshirt, Stoffschichten, die völlig daneben aussehen und irgendetwas einzuzwängen oder abzudrücken scheinen. Was ich meinem Onkel dann erzähle, ist, wie Steve Bannon am Anfang der ersten Dokumentation über einen von ihm inszenierten Film gesprochen hat. Er war wohl mal kurz Regisseur. Aber kein guter, kann sich kaum noch an die

Titel der Filme erinnern, die er gedreht hat. In einem dieser Filme, Mischung aus experimentellem B-Movie und Propagandaschinken, kniet ein schlecht als Vietnamveteran verkleideter Schauspieler vor den Toren verschiedener Konzentrationslager. Bannon erklärt daraufhin seine Faszination für die Akkuratheit der Nazis, für die Naziarchitektur, das deutsche Industriedesign. Mercedes, Thyssen Krupp, Hugo Boss. Auschwitz. Ein institutionalisiertes Lager für Massenmord. Sei doch toll. Er sehe da nicht die Opfer. Da kristallisierten sich nicht die Umrisse malträtierter Menschen aus dem Nebel seiner Vorstellungskraft, er sehe nur die Täter. Normale Menschen, die an Konferenztischen sitzen, und ihre Kaffeetassen. Er sehe, dass man kein Psychopath sein müsse, um an der Ausrottung einer Bevölkerungsgruppe teilzunehmen.

»Und was erzählt er noch so?«, fragt mein Onkel.

»Danach beschreibt er das Weiße Haus als einen Stripclub in Downtown am frühen Nachmittag. Man betritt diesen Stripclub und spürt nur noch Verbrechen. So eine Art ruchlose Ausgewogenheit zwischen Profanität und heiligen Hallen, unantastbar, erhaben, komplett trivial.«

Mein Onkel nickt.

Plötzlich kriege ich an Verzweiflung grenzende Angst. Diffus. Er merkt das. Er fragt mich, womit die zusammenhängt. Ich sage, sie hänge vermutlich damit zusammen, dass in Nepal am Vortag zweihundert Leute von einer Bombe in Stücke gerissen worden seien. Aber das ist eine Lüge. Sie hängt damit zusammen, dass der Ex-Mann meiner neuen Freundin ihr

Fotos von einem Stück Käse mit Tierfell gemailt hat und sie davon zu Tränen gerührt war.

Mein Onkel monologisiert oder schwadroniert, wie er das nennt, eine halbe Stunde lang über den Dreißigjährigen Krieg. Über Brandenburg als ein aus Sandbergen bestehendes Wasteland, dessen Kahlheit sich bis heute epigenetisch als Erfahrung an die Bewohner vererbt habe. Er redet über Kurfürsten und Foltermethoden. Darüber, wie Leuten mit Holzstöcken der Mund aufgesperrt und Tierscheiße hineingekippt worden sei, meistens, um sie dazu zu zwingen, ihre letzten zwei versteckten Goldmünzen rauszurücken.

Dann geht es kurz um Ludwig II., dem die Augen aufgehalten wurden, damit er sie bei der Hinrichtung seines Geliebten nicht schließen konnte. Es geht außerdem um Windhunde. Und um Falken.

»Warum erzählst du mir das alles?«

»Weil ich gerade daran gedacht habe, wie sehr ich Brandenburg verabscheue. Und dann ist mir eingefallen, dass du und deine Geschwister dort aufgewachsen sind. Das ist alles.«

Ich schweige. Eine halbe Minute lang. »Ersticken ist furchtbar«, sage ich dann.

Weiß er. Seine Mutter ist von einem Einbrecher mit einem Kissen erstickt worden. Er hat sie am nächsten Morgen tot in ihrem Bett gefunden. Er war sechzehn. Ihr stand jedes einzelne Haar vom Kopf ab.

Wir reden über verschiedene Varianten des Erstickungstodes.

»Ertrinken muss ganz schön sein. Zurück in die Gebärmutter oder so«, sage ich. Ich habe das von einer

Surferin gehört, die an der französischen Atlantikküste fast ertrunken wäre.

Er erklärt mir nüchtern, was beim Ertrinken passiert. An welchem Punkt der Organismus plötzlich bereit dazu ist, Wasser in die Lungen zu lassen.

Und ich sage: »Erfrieren ist auch ganz gut, oder?«

Könne er nicht beurteilen. Ihm fehle da wirklich die
Erfahrung.

Jetzt muss ich das Gemälde beschreiben, das über
seinem Bett hängt. Vielleicht beschäftigt es mich nur
deshalb, weil ich ihn im Zusammenhang mit diesem
Gemälde zum ersten Mal ein Wort habe aussprechen
hören, das ich weder kannte noch von irgendeinem
anderen Wort hätte ableiten können: Eitempera.

Sobald ich es lese oder daran denke, taucht mein
Onkel auf. Das Wort wird zu ihm, und er wird zu diesem Wort, unwiderrufliche Verschmelzung, die sich
irgendwo in dem Gehirnareal abspielt, das für Gefah-
renerkennung zuständig ist.

Er möge das Bild, obwohl Abstraktes nicht unbedingt sein Ding sei, sagt er. Aber dieses abstrakte Bild
sei mit Eitempera gemalt, und deshalb gefalle es ihm
besonders. Mit Eiweiß vermischte Pigmente. Mit denen sei im Mittelalter gearbeitet worden, bevor es Öl-
farbe gegeben habe.

Jedes Mal, wenn ich das Bild gedanklich zu rekonstruieren versuche und diese Rekonstruktion bei meinem nächsten Besuch mit dem echten Bild abgleiche,
ist die einzige Ähnlichkeit das Verhältnis der Farben
zueinander. Dreißig Prozent Schwarz, siebzig Prozent

ein schmutziges Gewaber aus Grün- und Blautönen. Es gibt drei Quadrate, von denen ich gedacht habe, sie hingen als Klotz in der linken unteren Bildecke zusammen. Die hängen aber nicht zusammen. Die beiden kleineren schweben oben rechts nebeneinander, der Große schwebt auch, links, aber das Schweben ist ein anderes, hat eher was von einem Felsen, der von irgendeinem intergalaktischen, die Schwerkraft überwindenden Magneten mit größter Anstrengung in der Luft gehalten wird und immer kurz davor ist, zurück auf die Erde zu fallen und durch den Aufprall Schaden zu verursachen, Risse im Beton, Risse in Kirchen.

Beim letzten Mal habe ich mir vorgenommen, es mir so exakt wie möglich einzuprägen. Es hat funktioniert. Das, was ich da heute sehe, ist keine Überraschung, sondern etwas, womit ich gerechnet habe. Im Grunde auch der Beweis dafür, dass er das Bild in meiner Abwesenheit nicht jedes Mal gegen ein ähnliches austauscht. Würde ich an seiner Stelle vielleicht machen. So, wie ich mal die Wohnung eines unsympathischen Airbnb-Vermieters in Rio de Janeiro kurz vor meiner Abreise zwei Farbtöne dunkler habe streichen lassen. Ich weiß nicht, warum ich das gemacht habe. Obwohl. Ich weiß es doch. Ich habe das gemacht, damit ihm für den Rest seines Lebens irgendetwas anders vorkommt.

SEX UND MACHT

Wir hatten keinen Strom. Wir hatten auch keine Toilette, stattdessen bloß Hütten aus Holzbrettern, aus denen unsere Scheiße in mit Stroh und Rindenmulch gefüllte Behälter geleitet und kompostiert wurde. Wir hatten Internet, aber nur manchmal. Granitblöcke, Meerblick, Kies, der sich mit Sand abwechselte, und irgendeine Sorte niedriger Tannen, die mich an das Logo der Firma denken ließen, von der ich meinen Rucksack hatte. Zusammengerollter Fuchs.

Wir lebten hier, weil Jacoby von ihrem Erbe ein Stück kanadische Seeprovinz gekauft hatte. Sie war dreiundzwanzig. Sie hat mir nie erklärt, warum sie das getan hat. Nur mal eine Geschichte erzählt von einem Charity-Event an der Georgian Bay, bei dem ihre Diplomateneltern Money gefundraised haben. Ich habe vergessen, wofür. Irgendwas mit Kindern und Sport. Leute ersteigerten Helikopterflüge und Broadwaytickets, niemand rauchte, und Jacobys gesamte Sippschaft war irritiert, weil alle davon ausgegangen waren, dass sie mit Anfang zwanzig längst im Einkammerparlament des Staates Ontario sitzen würde. Keiner ihrer Tanten und Onkels wusste so richtig, womit sie Geld verdiente.

»Ich verdiene kein Geld«, sagte sie. »Nichts.«

Ich stelle mir vor, wie sie das sagte. »Nichts.«

Wie das Lächeln, mit dem sie das »Nichts« offenlegte, alle in die Knie zwang. Wie sie ihr Kreuz durchdrückte und die Arme hinter dem Kopf verschränkte, damit die Monarchisten in Poloshirts ihr Tattoo auf dem Innenarm zu sehen kriegten. Und wie sie danach in den weißen Volvo stieg, um zu uns zurückzufahren. Feinrippunterhemd, rote Haare bis zum Arsch.

Wir waren hier, weil Jacoby sich ohne uns gelangweilt hätte. Wir waren zu sechst. Ich bezweifelte, dass sie meinen Namen kannte. Sie nannte mich Saffy, dabei hieß ich Safran. Meine Eltern hatten mich nach ihrer Lieblingsfarbe benannt.

Es gab hier keinen Baum, der zu nah neben dem anderen stand. Nichts setzte uns unter Druck oder machte uns Angst, auch wenn Jacoby mal einer Grizzlymutter begegnet und Bill zwei Wochen später von einem tollwütigen Biber in die Pulsader gebissen worden war. Weite und Büsche und Himmel und leere Räume. Ich fühlte mich, als wäre meine Berechtigung, hier zu leben, nicht ganz geklärt. Ich fragte mich, ob es den anderen genauso ging, ob auch sie manchmal den Blick von einem Gesicht zum anderen schweifen ließen und sie der Gedanke beschlich, nicht dazuzugehören. Inzwischen bezweifle ich das. Wenn man an einem Pokertisch sitzt und keinen Verlierer sieht, dann ist man selbst der Verlierer. Hat mein großer Bruder mir beigebracht. Das waren alles Nordamerikaner, ich nicht. Ihre Eltern hatten Geld, ich hatte keine Eltern. Ich trug enge schwarze Sporthosen und die Fleecejacken unseres toten Vaters, während sie gebrauchte Levi's mit selbst geflochtenen Ledergürteln über dem Bauchnabel festzogen und bunte Sachen strickten, Pullover, Topflappen, Schals, auch die Jungs, ständig saß jemand nackt in der Sonne und strickte was.

Johnny, der ein Sixpack hatte, ohne je etwas dafür getan zu haben.

Anna, die in ihren viktorianischen Samtkleidern Bilder von sich malte, abstrakte Selbstporträts, die mich nicht unbedingt vom Hocker rissen.

Patty, die eigentlich nur hier war, um ihre Essstörung in den Griff zu kriegen, ohne zuzunehmen.

Oliver, der manchmal nachts vor meinem Bett stand und fest davon überzeugt war, dass gerade sein Herz stehen geblieben sei und er sterben müsse. Ich massierte ihm dann die Muskeln zwischen den Rippen, nach zehn Minuten beruhigte er sich wieder. Keine Ahnung, aus welchem Grund er diese Panikattacken bekam. Vielleicht, weil er als Teenager Skirennen gefahren ist, kurz vor Olympiaqualifikation, und da immer so unter Druck gestanden hat. Vielleicht auch, weil jeder zweite Mann in seinem Alter unter Panikattacken leidet, ich weiß es nicht, ich weiß es echt nicht.

Bill, dem, da war ich mir ziemlich sicher, noch nie etwas Schlimmes zugestoßen war und auch niemals etwas Schlimmes zustoßen würde, nicht einmal ein schlecht sitzender Pullover, und der bei jeder Gelegenheit mit Nietzsche ankam oder den Tagebüchern von Anaïs Nin oder mit irgendeinem angelesenen Fun

Fact, der uns an die Abgründigkeit der Welt erinnern sollte, in der wir lebten, an die Abgründigkeit der Welt, in der wir gerade Tomaten ernteten oder bei Kerzenlicht Scrabble spielten oder online den Lieferstatus der Rostpartikel überprüften, die Patty bestellt hatte, um daraus die Farbe für die Wände der Bibliothek anzumischen. Er zitierte auch manchmal Elias Canetti: »Es braut sich eine neue Religion zusammen. Aus Überresten.« Oder erklärte, wie ein Tiger einen Menschen auffrisst. Indem er ihm zuerst die Klamotten vom Leib reißt, mit der Bauchdecke anfängt und dann am Schluss den Schädel aufknackt.

Und Jacoby eben. Mit diesen roten Haaren. Ihren Perlenarmbändern. Ihren Führungsqualitäten und der Kettensäge. Jacoby, von der man immer nicht wusste, ob sie das hier alles ernst meinte oder doch noch an der Wallstreet enden würde.

So koexistierten wir vor uns hin, in vier unterschiedlich großen Holzhäusern, die wir innerhalb von zwei Monaten mit nichts als einem Akkuschrauber gemeinsam aufgebaut hatten, die Kettensäge gab es damals noch nicht.

Mir war oft langweilig. Ich hatte aufgehört, das zu äußern, weil die anderen immer nur mit einem mitleidigen Lächeln reagiert hatten. Das waren Leute, die *keine Langeweile kannten* – notfalls schrieben sie Gedichte über den Herbst oder verbrachten ihre Zeit mit der Lackierung eines aus Weinkisten improvisierten Hochbeets –, Leute, die glaubten, dass man an was Schönes denken oder joggen gehen musste, wenn man traurig war. Hatte ich mir anfangs eine Isomatte mit drei anderen geteilt und das als die Erfüllung meiner kühnsten Träume empfunden, sehnte ich mich jetzt, zwanzig Monate später, nach Isolation und einem abschließbaren Zimmer. Irgendwann begann ich, zwischen zwei der Häuser zu zelten, woraufhin Jacoby mir das kleinere von ihnen zuteilte, ich durfte das haben, für mich alleine. Ich weiß nicht, warum. Vielleicht aus Mitleid oder weil ich die Einzige war, die mit keinem der anderen Sex hatte. Es stand an der Grenze des Grundstücks. Dort, wo die bunten Steine anfingen und mir nichts mehr die Sicht auf das Meer versperrte.

Vor lauter Langeweile beschloss ich, mir einen Hund zu holen. Seitdem wir im Jahr zuvor die Hühner hatten schlachten müssen, weil sie im Winter erfroren wären, hatte es hier keine Tiere mehr gegeben. Der Stall war nicht isoliert. Bis heute frage ich mich, warum die Jungs das nicht hingekriegt haben. Den Stall zu isolieren. Ich glaube, sie haben es nicht mal versucht. Und jeder von uns hat dann ein Huhn geschlachtet.

Wir brauchten nicht viel zum Leben. Ein Messer, einen Schal, Klopapier, solarbetriebene Powerbanks zum Aufladen unserer Handys. Das Geld für die Telefonrechnung verdienten wir, indem wir einen Kellnerjob in Peggy's Cove untereinander aufteilten, wer Bock auf Schicht hatte, fuhr hin, zwei Stunden mit dem Auto in ein Fischerdörfchen, das unter Touristen beliebt war, weil da so ein gut zu fotografierender Leuchtturm rumstand. Wir kochten schlechten Kaffee, aßen Pop-Tarts. Wir bauten Gemüse und Tabak an. Wir aßen Hackfleisch aus Murmeltieren. Wir tranken viel Alkohol. Ich kiffte nicht. Die anderen schon.

Wenn jemand von uns baden wollte, musste Wasser aus dem Brunnen über der Feuerschale erhitzt und zu der Wanne am anderen Ende des Grundstücks geschleppt werden, ich weiß nicht mehr, wo wir die herhatten, auf eBay ersteigert, nehme ich an, oder im Vorbeifahren bei einem der Garagenverkäufe entdeckt. Antik und französisch, Löwenfüße.

Manchmal bekam ich Gänsehaut. Immer dann, wenn ich das Gefühl hatte, dass ich für die anderen eine Art Stellvertreterin für etwas war, das sie für das »wahre Elend« hielten. Keiner von ihnen hätte das jemals so formuliert. Doch es gab etwas, das mich von ihnen und diesem ungebrochenen Selbstbewusstsein trennte, mit dem sie in der Welt standen. Ich sah eine Linie vor mir, eine Trennlinie zwischen den Gesunden und den Versehrten, die unüberwindbar schien und an der ich mich wie an einem zwischen zwei Wolkenkratzern gespannten Drahtseil entlanghangelte, in ständiger Panik, dass ein Teil von mir beschließen könnte, einfach loszulassen.

Der Hund ging mir fast bis zur Hüfte. Ich hatte ihn aus dem Internet. Er war vier Jahre alt, hatte zuerst auf der Straße und dann in einem Zwinger gelebt, schiefe Wirbelsäule, schwarzes Fell, er sah aus wie eine Mischung aus Wolf und einem der Knickbilder, die Kinder gemeinsam malen, bei denen sich eines den Rumpf ausdenkt, ohne zu wissen, was für ein Gesicht das andere gemalt hat. Ich glaube, den Hund habe ich mir aus demselben Grund ausgesucht, aus dem meine Mutter immer verkümmerte Zimmerpflanzen aus dem Baumarkt mitgebracht hat. Sie konnte nicht an Mängelexemplaren vorbeigehen, ohne Mitleid zu empfinden, niemand außer ihr hätte die knöchrigen Aloe Veras und Gummibäume haben wollen, weil sie nicht besonders genug waren, um den Aufwand zu rechtfertigen, der aufgebracht werden musste, um sie am Leben zu halten. Mit Mischlingen aus dem Tierheim war es ähnlich. Hatte ein Mensch den Entschluss gefasst, sich keinen Welpen vom Züchter, sondern einen Existenzkampf ins Haus zu holen, dann gab es dafür in der Regel eine Bedingung, nämlich, dass der Hund optisch dem gerecht wurde, wofür er stand. Zerrissen wirkende Fellfarbe, Street Credibility, die sich in Gang und Haltung niederschlug. Schwarze Hunde waren unbeliebt. Die wollte niemand. Wahrscheinlich, weil sie langweilig aussahen oder gefährlich. Oder beides.

Mein schwarzer Hund war ein Rüde und lieb, biss sich aber nach undurchschaubarem Muster den Körper blutig. Rannte minutenlang im Kreis, dabei knurrte er wie vom Teufel besessen seinen Schwanz an und haute sich die Zähne in die Hüfte. Ab und zu rammelte er sein Körbchen oder das Tischbein, nicht einfach so, sondern panisch, ein bisschen wie autistische Kinder, die beim Dinner plötzlich masturbierend am Kronleuchter hingen. Ich weiß, dass das politisch nicht ganz korrekt ist, trotzdem. Der Abgrund eines Hundes kann einen tiefer erschüttern als der eines Menschen, einfach, weil ein Hund einen nicht durch Gerede von seiner Rohheit ablenken kann. Wenn der

Hund mit dem Rücken zu mir vor dem Sofa saß und aus dem Fenster sah oder das Tischbein anstarrte, streichelte ich ihm manchmal den Kopf, fuhr ihm mit den Fingern durch das Fell, wie ich mit vierzehn meinem ersten Freund durch die Haare gefahren war.

Vielleicht klingt das naiv. Aber ich begann, über den Unterschied zwischen mir und den Männern nachzudenken. Den echten Unterschied. Was der sein könnte. Ausgerechnet in unserer Kommune, die sich mal zum Ziel gesetzt hatte, Geschlechterrollen auszuhebeln, damit sich jeder von uns (jenseits von vorgegebenen Mustern) frei entfalten konnte zwischen den ganzen Schwarzfichten hier. Es wurde Frühling, wir hörten auf zu frieren und fingen an, uns auszuziehen, und die Wehleidigkeit kam mir in den Sinn, die Wehleidigkeit der Männer, mir kamen die vielen kranken Typen aus meiner Kindheit in den Sinn, die ihre Schürfwunden und offenen Knochenbrüche locker wegzustecken vorgaben, bei einem Schnupfen jedoch kollabierten. Äußere Verletzungen schienen okay zu sein, aber wenn etwas in ihrem Inneren schieflief, schlussfolgerte ich, wurden Männer zu Mimosen, egal, ob das ein Hexenschuss war oder eine Mandelentzündung, und irgendwas in mir war stolz auf diese durchaus interessante Feststellung, weil ich ahnte, das außer mir keiner der anderen je so weit gedacht hatte.

Die Jungs hier hatten das feministische Standardwerk von Simone de Beauvoir im Gegensatz zu uns Mädchen gründlich gelesen, trotzdem waren ihre Theorien immer etwas seltsam – der Kommunismus sei nur an der Tatsache gescheitert, dass es Männer gebe, dass also *die Frauen das schon hingekriegt hätten,* wenn sie alleine gewesen wären, irgendwas mit Besitzaufteilung oder so, keine Ahnung, und dass die Frau den Geschlechtsakt aus Emanzipationsgründen nicht als Penetration, sondern als einen Vorgang betrachten solle, bei dem »sie sich etwas selbst zuführt«, als würde sie sich Nahrung in den Mund schieben, diese These stammte von Johnny, glaube ich, und ich verstehe bis heute nicht so ganz, wie er das gemeint hat. Ich verstehe *wirklich* nicht, wie er das gemeint hat. Wenn wir Mädchen uns aus Versehen in eine solche Debatte verstrickten, nachts am Strand in Decken gewickelt, besoffen, die ausgelöst worden war durch irgendein achtlos fallen gelassenes Trigger-Stichwort wie »Latte-macchiato-Feminismus«, endete das immer in einer Katastrophe, die mich an meinem eigenen Geschlecht zweifeln ließ. Keine von uns konnte einen Satz formulieren, ohne dass sie von einer anderen für die Ungenauigkeit ihrer Formulierung zerfleischt worden wäre. Wir hielten nicht zusammen, wir versuchten nicht einmal, unsere unterschiedlichen Haltungen zusammenhaltfördernd auf einen gemeinsamen Nenner zu bringen. *Das* war ein Unterschied zu den Männern, dachte ich. Als gäbe es bei denen irgendeinen Pakt, eine Absprache, zugunsten des Fortbestands ihrer Gattung zusammenzuhalten, jenseits jeder Penibilität und ohne Rücksicht auf Verluste.

Am vierten April sagte Patty etwas zu mir, das ich nie vergessen werde. Ich weiß das Datum noch, weil ich mir auf dem Rückweg vom Krankenhaus tiefgekühlte Shrimps kaufte, was ich sonst nie tat. Vielleicht weiß ich das Datum aber auch, weil an dem Tag Jacobys Mann ankam.

In meinem Haus schien ein Wespennest zu sein, überall lagen tote Wespen. Über meinem Schreibtisch flogen noch ein paar, die kurz vorm Sterben und sau-aggressiv waren, eine von ihnen stach Patty am unte-ren Rücken, zwei Sekunden später wurde ich von einer anderen durch meine Leggings in den Oberschenkel und in den Arsch gestochen, ich putzte gerade kniend den Boden.

Patty fragte mich, ob sie mir was sagen könne, ich nickte.

»Wenn jetzt irgendein ausgebrochener Schwerkri-mineller auf mich zukommt«, fing sie an, »und der ist drei Meter groß und hat ein Ed-Hardy-T-Shirt an und einen Scheißporsche und der sagt: ›Baby, komm mit, wir ziehen nach Manhattan und kaufen nur noch Gemüse, das in drei Lagen Plastik eingewickelt wurde ...‹«

»Dann würdest du das sofort machen?«

»Ja.«

»Ich auch.«

Zusammenhangslos fragte ich Patty, die inzwischen zum Glück nur noch normale Unterhosen trug, wie das damals gekommen sei mit den Stringtangas, also, warum sie überhaupt je welche angehabt habe, mich interessierte das schon lange, warum Frauen String-tangas trugen, und sie sagte: »Das kam durch Sarah Peterson.«

Ein Mädchen aus ihrer Highschool, wie ich annahm. Danach machte sie eine Instastory davon, wie ich am Fenster stand und rauchte. Sie ging zum Brunnen, um eine der kalt gestellten Wodkaflaschen zu holen, und steckte sie sich zum Kühlen des Wespenstiches in den Hosenbund. Nach einer halben Stunde nahm sie sie wieder raus, aus Angst, eine Nierenbeckenentzündung zu kriegen.

Ich hörte Ethans Auto. Geländewagen, Honda. Und ich hörte Jacoby einen lang anhaltenden Schrei der Freude ausstoßen, der immer leiser wurde, sie schien in Richtung Straße auf ihn zuzurennen. Als wir mein Haus verließen, sah ich die Reifenspuren im Schlamm und die Karre neben dem Haupthaus parken, und ich sah Ethan, der Jacoby auf dem Rücken trug und sich von ihr die neu angelegten Beete erklären ließ. Die beiden waren verheiratet, seit sie achtzehn war, er zehn Jahre älter als sie, Kulturanthropologe, war aber wegen irgendwelcher Zufälle in der Wirtschaftsredaktion einer Tageszeitung in Toronto gelandet. Er kam nur im Sommer hierher und nie mehr als ein paar Tage am Stück, trug mit seinen Einkünften jedoch einen erheblichen Teil zu dem bei, was wir »Haushaltskasse« nannten. Weil er Jacoby liebte und immer geliebt hatte. Darüber hat er mir im vergangenen Jahr mal einen glaubhaften Vortrag am Lagerfeuer gehalten – wie sehr es ihn irritiere, dass sie schon so lange *die Einzige* sei, die Einzige. Seine Haare waren so rot wie ihre, von den Jungs auf unserem Grundstück unterschied er sich in erster Linie dadurch, dass er eine bessere Haltung hatte als sie, einen besseren Körper, echt, mir wurde das an diesem Tag zum ersten Mal klar; Johnny war muskulös, aber klein und irgendwie fehlproportioniert, die anderen waren Riesen, aber zu dünn, herabhängende Schultern, überall Knochen, Typ lethargischer Philosophiestudent. Im Gegensatz zu Ethan kamen mir diese aalglatten, von groben Schicksalsschlägen verschont gebliebenen Musterhipster wie gebrochene Persönlichkeiten vor. Ethan war noch glatter als sie, noch verschonter, hatte eine Souveränität, mit der er lächelnd jeden Widerspruch der menschlichen Existenz in Grund und Boden zu stampfen schien. Es gab Männer, unter deren Härte sich mit der Zeit eine gewisse Sensibilität herausschälte, eine kühle, aber tiefe Sensibilität. Und es gab Männer, unter deren vermeintlicher Harmlosigkeit irgendwann eine Härte zutage trat, die warm war. Eine Art warme Brutalität. Oder warme Gefühllosigkeit. Ich glaube, dass ich darauf stand.

Am Abend trafen wir uns an der Feuerschale und kochten, Ethan hatte lauter Zeug eingekauft, das wir sonst nicht aßen, Tofu und Risottoreis und Safran und Schokolade. Wir unterhielten uns über irgendwas, verrückte Machthaber im Atomzeitalter, nehme ich an, jedenfalls schnitt ich auf dem Boden kniend zuerst Zitronenschale und dann Zwiebeln, und als Ethan sah, dass ich anfing zu heulen, kam er zu mir und streichelte mir grinsend die Wange. Er trug ein lila T-Shirt und hatte die Ärmel hochgekrempelt.

»Warum fällt mir jetzt erst auf, dass du Sommersprossen hast?«, fragte ich. Er guckte dahin, wo ich hingeguckt hatte, irgendwie an seinem rechten Trizeps runter.

»Hast du keine?«

»Doch«, sagte ich und zeigte ihm das kleine Sommersprossenfeld an meiner Schulter. »Aber die sammeln sich bei mir alle an einer Stelle«, worauf er nur »impressive« antwortete und Feuer machen ging.

Zwei Wochen zuvor waren mir in Halifax die Mandeln rausgenommen worden. Kurz nach meiner Entlassung wurde ich wieder ins Krankenhaus gebracht, weil beim Haarewaschen die Wunde aufgeplatzt war und ich, wenn das niemand zusammengenäht hätte, verblutet wäre. Im Krankenhaus kotzte ich zwei Nächte unter größter Anspannung Blut in eine Plastikmülltüte, weil mir zwei Liter davon in den Magen gelaufen waren.

Am Tag nach Ethans Ankunft musste ich in die Stadt fahren. Sauverkatert. Medikamente holen. Ich klopfte bei Jacoby, um nach dem Schlüssel für den Volvo zu fragen. Sie und Ethan lagen auf der Matratze und guckten was auf seinem iPhone. Sie trug einen Body mit V-Ausschnitt bis zum Bauchnabel, er, glaube ich, nichts. Ich hatte den Hund dabei, und als Ethan uns im Türrahmen stehen sah, mich und den Hund, hörte er sofort auf zu lachen und presste sich an die Wand, als würde er durch sie hindurch verschwinden wollen.

»Ethan muss was ausdrucken, nimmst du ihn in die Stadt mit?«, fragte Jacoby.

»Kann Ethan nicht einfach mich in die Stadt mitnehmen?«, fragte ich.

Er sprang auf, zog sich an, zwang sich dazu, dem Hund im Vorbeigehen den Kopf zu tätscheln, und bedeutete mir, ihm zu folgen.

Wir saßen in seinem Honda. Der Hund auf der Rückbank. Ich nahm ihn mit, um ihn an Stadtgeräusche zu gewöhnen. Sirenen und Motorräder und Baustellenlärm. Vielleicht, weil ich schon zu diesem Zeitpunkt ahnte, dass ich in unserer Aussteiger-Idylle niemals alt werden könnte. Und weil ich den Hund nicht mit den ganzen Vollidioten allein gelassen hätte, echt nicht. Die komplette Fahrt über war Ethan angespannt, wahrscheinlich, weil er Angst vor dem Hund hatte, aber vielleicht auch, weil er mich scharf fand. Wir parkten in der Nähe der Fußgängerzone, kauften Softeis und spazierten schweigend im Kreis durch die Stadt, bis wir wieder am Parkplatz angekommen waren und Ethan lächelnd in den Copyshop schlenderte und ich in die Pharmacy.

Einer der Kunden hatte ein Fremdkörpergefühl im Ohr, also das Gefühl, was ihm Ohr zu haben, das nicht mehr rausging, und der verstrickte den Apotheker dann in eine zehnminütige Diskussion darüber, ob das wohl mit dem Eukalyptusöl zusammenhänge, das er in sein Badewasser träufele, worauf ein Gespräch über die Preisunterschiede von homöopathischen Medikamenten folgte. Ein anderer Mann saß auf dem Bänkchen vor dem Kosmetikregal und las sich die Angaben auf den Etiketten von Vitamintabletten durch.

Ich gähnte, ich hustete, ich versuchte, streng zu gucken, trotzdem musste ich fast zwanzig Minuten warten, bis ich dem Apotheker meine Rezepte über den Tresen schieben konnte.

Er verschwand im Hinterzimmer und kam mit einem Stapel Medikamentenschachteln zurück, acht oder neun. Er sagte, dass eins der Präparate die Farbe des Stuhlgangs verändern würde und ich mich, wenn es dazu käme, nicht erschrecken solle. Mir war das nicht peinlich vor den Männern. Obwohl die sich jetzt unweigerlich meinen Stuhlgang vorstellen mussten und wie ich übers Klo gebeugt vor Schreck die Hände über dem Kopf zusammenschlug. Paradoxerweise machte mich das stolz. Meine potenziell grüne Scheiße machte mich stolz darauf, eine Frau zu sein, vor diesen Typen, zwei Meter groß, Lederjacken, deren Hauptsorge im Urlaub vermutlich darin bestand, ob das Glas, aus dem sie tranken, auch wirklich ihr eigenes war.

Als ich die Pharmacy verließ, wartete Ethan schon im Auto auf mich, etwas in mir verglich ihn mit den Männern aus der Apotheke, und ich war erleichtert, weil er mir anders vorkam als sie. Weil er harmlos und irre hartgesotten gleichzeitig war, ich kann das nicht besser erklären.

Auf der Fahrt hatte der Hund einen seiner Anfälle. Von einer Sekunde auf die andere begann er, auf der Rückbank seinen eigenen Schwanz zu jagen, und knurrte und röchelte und bellte, als würde er gerade einen Säugling zerfleischen, und Ethan erschreckte sich so sehr, dass er das Steuer rumriss und beinahe gegen die Leitplanke fuhr. Ich glaube, er kreischte sogar. Er fuhr rechts ran, schaltete den Motor ab, völlig außer Atem.

»Entschuldige, das ist einer dieser Anfälle, ich hab dich gewarnt«, sagte ich.

Er konnte nicht antworten.

»Der Hund tut dir nichts, ich schwör's, das ist reine Autoaggression.«

»Mal über einen Exorzisten nachgedacht?«

Ich lachte. Ich berührte sein Handgelenk, er schloss die Augen, schüttelte den Kopf und bat mich, den Hund für den Rest der Fahrt in den Kofferraum zu tun. Das klingt auf Englisch ein bisschen besser: »Put the dog in the trunk, please.«

Als ich wieder neben ihm saß und mich angeschnallt hatte, sah er mich von der Seite an, stumm fragend, ein paar Minuten lang.

»Was war da los damals? Mit deinen Eltern?«

Ich fragte: »Weißt du das nicht längst?«

»Ich kenne nur die Eckdaten.«

»Dann sag mir, was für Eckdaten, vielleicht reichen die ja.«

Er lachte.

»Youtube-Video?«, fragte ich.

Er nickte und musste noch mehr lachen, wie jeder, der mir gegenübersitzt und sich an das Video erinnert, in dem meine Eltern geköpft werden. »Was ist das Schlimmste, was dir je passiert ist?«, fragte ich, und er sagte: »Verdacht auf Leukämie für drei Tage, da war ich zwölf, das war's«, und ich musste wieder an das Drahtseil denken, die Trennlinie zwischen den Gesunden und den Versehrten, aber anders als sonst. Diesmal schien nicht ich mich daran entlangzuhangeln, sondern er.

Wir fuhren an einen See, in dem es eine winzige Insel gab, zu der wir beide, wie wir feststellten, schon immer mal hatten schwimmen wollen, aber nie war jemand dazu bereit gewesen mitzukommen, und alleine hätten wir uns nicht getraut. Wir zogen uns aus und gingen ins Wasser und nahmen den Hund mit, und Ethan war einer der wenigen Menschen auf der Welt, vor denen ich stolz darauf war, gut kraulen zu können, zwei Kilometer Wettschwimmen, trotz meiner frisch vernähten Wunde am Zungengrund, und der Hund schwamm schneller als wir, und als wir an der Insel ankamen, legte der Hund sich auf einen Stein, und es sah so aus, als wäre sein Fell nicht sein Fell, sondern ein an ihm festgetackerter schwarz gefärbter Pelzmantel, in dem er gerade durch einen Regenschauer in London nach Hause gerannt war. Ethan fing an, mich zu vögeln, noch im Wasser, vier Stunden hingen wir völlig hingerissen voneinander auf dieser Insel ab und fickten und redeten, und sobald ich aussprach, dass mir etwas gefiel oder er mit etwas weitermachen solle, hörte er auf, ließ seine Hand von meinem Hals, wo sie hätte bleiben sollen, zu meinem Arsch wandern. Diesen Kurzschluss kannte ich, die größte Überwindung bestand darin, sich dem Bedürfnis des anderen zu unterwerfen. Wir frönten der Zweisamkeit, so hätte meine Mutter das jedenfalls formuliert, und als er sagte: »Die Idee ist also, dass hier keiner von uns kommt, oder?«, antwortete ich: »Lass das bitte nicht die Idee sein«, und rannte zurück ins Wasser, damit er nicht auf die Idee kam, in Zugzwang zu sein. Ich fand ihn sauhübsch, wirklich. Und smart, er war smarter als alle, die ich kannte.

Es war schon dunkel, als wir nach Hause kamen. Die anderen saßen besoffen auf Jacobys Matratze, sie spielten Canasta. Ethan verhielt sich ihr gegenüber, als ob nichts gewesen wäre. Ich war erleichtert, weil ich auf der Rückfahrt die beunruhigende Vermutung gehabt hatte, dass er kein guter Lügner war. War er aber. Genau wie ich.

Zwei Jahre später lag ich mit meinem Hund in einem Park in Toronto. Zwischen einem Kindergeburtstag mit Girlanden und dem Baseballfeld. Der Hund litt immer noch an seinen Anfällen, aber sie waren seltener geworden, ich hatte mich an sie gewöhnt. Von Weitem sah ich eine Asiatin mit zwei Kampfhundmischlingen auf uns zukommen, die sich wie angstverzerrte Cartoonfiguren dicht an sie drängten. Die Frau war klein und dünn und nicht älter als ich. Sie las im Gehen. Aus der anderen Richtung kam eine Dogge angerannt, bellend. Eine Bestie, die uns auch schon belästigt hatte, und die Frau sah von ihrem Buch auf und stellte sich vor ihre Hunde und drückte ihr Kreuz durch, um größer zu wirken, und die Dogge, die gefährlich aussah, noch gefährlicher als die Kampfhunde, drehte sofort wieder um. Und die Frau guckte einfach wieder in ihr Buch, ging weiter, obwohl sie da gerade was abgeliefert hatte, das mit der Siegerpose irgendeines auf Marvel-

Comics basierenden Göttersohnes vergleichbar war. Ich schaltete den Flugmodus auf meinem Handy aus und ging auf Facebook, zum ersten Mal seit zwei Monaten. Ich schickte Ethan eine Freundschaftsanfrage. Ich wollte wissen, ob er noch verheiratet war.

LA GRENOUILLÈRE, 1869

Kurz bevor ihr alter Hund gestorben ist, hat sie Minute ein Bild geschenkt. Es ist 63,5 × 45,7 Zentimeter groß und lehnt am Türrahmen seines Schlafzimmers, seit es da ist, tut in unregelmäßigen Abständen sein Oberschenkel weh. Wohnung im zweiundsiebzigsten Stock, eine gedämpfte weiße Grube zwischen Wolken. Er guckt das Bild seit Tagen an, packt es aber nicht aus. Bisher ist es nur ein Rechteck in Luftpolsterfolie. Um die Kanten hat sie Klebeband gewickelt. Wahrscheinlich war sie das nicht selbst. Das war der Assistent irgendeiner Kunstgesellschaft, der für den Versand der limitierten Drucke zuständig ist. Aber er stellt sich trotzdem vor, dass sie es war. Dass sie auf dem Boden kniet und vor dem Hintergrund unscharfer Leinwände bisschen Gaffer Tape mit den Zähnen abreißt, er liebt die Vorstellung, sie verschwimmt mit der Erinnerung daran, wie sie ihm an Silvester zu fest in den Beckenknochen gebissen hat.

Wenn er seinen Blick von dem Rechteck löst und durch die Glasfront guckt, ist da Himmel, sonst nichts. Eine undurchdringliche Fläche, die gut zu seiner Küche passt. Sieht alles aus, als ob ein Kind beim Malen zu viel Deckweiß benutzt hätte. Man kann die Fenster nicht öffnen. Er hat kein Problem mit der Höhe, er hat auch keine Platzangst. Er hat ein Problem mit dem Sound. Ein Zimmer klingt anders, wenn die Fenster offen sind. Man öffnet Fenster wegen der frischen Luft, das heißt: um den Rest der Welt reinzulassen, er ist hier eingezogen, weil er den Sound von Belüftungs-anlagen dem Sound vom Rest der Welt eine Zeit lang vorgezogen hat, und diese Zeit ist jetzt vorbei, das weiß er, seitdem das Bild da ist, es sprengt irgendwas. Lacht die Monochromität aus, der die Küsteneliten aus Verzweiflung dann doch noch zum Opfer gefallen sind vor ein paar Jahren. Er weiß nicht, was drauf ist auf dem Bild. Es reicht, dass es da steht. Er weiß auch nicht, wann er es auspacken wird, nächste Woche viel-leicht, dann ist er aus Hildesheim zurück. Hildesheim ist eine Stadt in Deutschland. Ihm ist nicht klar, was er in Hildesheim soll. Er hat wirklich keine Ahnung, irgendwas stimmt nicht. Er ist Kunstberater, die flie-gen ihn ein, damit er den Wert eines frühen Gemäldes von Monet schätzt. Aber zu diesem Zweck bezahlt ein Auktionshaus einem Wahlamerikaner keinen Busi-nessflug, man fragt da eher wen Kompetenten aus dem Nachbarort und lädt den danach zum Essen ein, so stellt er sich das vor, sein Oberschenkel fängt an zu zittern, er checkt nicht, was die von ihm wollen.

Er steht auf, zieht sich Socken an, bestellt ein Taxi zum Flughafen. Er erinnert sich nicht mehr an die Zeit, in der Flugzeuge Fenster hatten. Er erinnert sich aber noch an Grönland von oben, deshalb weiß er, dass er mal in einem Flugzeug mit Fenstern gesessen haben muss. Die Erinnerung fühlt sich nicht nach Vergangenheit an, sondern wie eine Zukunftsversion, wie eine völlig gegenstandslose, regelwidrige Utopie.

Das sagt er später zu ihr am Telefon.

Das Flugzeug hebt grade ab.

Und dass er das nicht besser erklären könne. Muss er aber auch gar nicht, Phoebe weiß genau, was er meint. »Hast du das Bild ausgepackt?«

Er antwortet: »Babe, nächste Woche.«

Sieht sich auf seinem Computer den Monet an, legt auf, schließt die Augen. Sie heißt Phoebe, weil die kleine Schwester von Holden Caulfield Phoebe heißt, ihre Eltern waren Fans von J. D. Salinger.

Er versucht, das Bild von Monet auf der Innenseite seiner Lider zu rekonstruieren. Das Interessante an dem Bild ist das untere Drittel, der See oder der Teich oder was auch immer das sein soll, also das Wasser, wie dieser Typ Wasser gemalt und es in tausend Flächen und Schleier und Farbstrichen aufgelöst hat. Seit zweihundert Jahren kann kein Mensch es ansehen, ohne für immer beim Anblick von Wasser daran denken zu müssen. Das grenzt an eine kollektive Zwangsstörung, die nichts mit der Zeit zu tun hat, in der das Bild gemalt wurde, um Zeit geht es da nicht. Und vielleicht, ganz vielleicht, ist dieses Bild wichtiger für die Menschheit als die Erfindung der Biopolymer-Membran, die als Außenwand für Flugzeuge dient, weil sie Licht, Feuchtigkeit und Temperatur reguliert und im Notfall auf Knopfdruck, aber eben echt nur im Notfall, transparent werden kann und Fenster deshalb überflüssig macht, also, vielleicht stimmt das wirklich, vielleicht war Andy Warhol bisschen wichtiger als Steve Jobs, *in the long run,* wie die Scheißamerikaner sagen, vielleicht stimmt das. Er ist sich nicht sicher. Er hat in Kunstgeschichte promoviert. Er ist vorbelastet. Ein Professor für Biomimikry sähe das vermutlich anders.

Paar Plätze weiter unterhalten sich zwei Männer auf Deutsch. Lange kein Deutsch mehr gehört, fällt ihm auf, Thema auch nicht uninteressant.

»Ja, die Spezialisten sagen – und ich spreche hier von Spezialisten für die Entwicklung von Reproduktionstechniken, also Spezialisten dafür, dass man Menschen vollständig wiederherstellen und sie dadurch praktisch unsterblich machen kann, zumindest tendenziell unsterblich, ähm, die sagen jedenfalls: Das Bewusstsein ist für die künstliche Intelligenz nur schädlich.«

»Mh.«

Plötzlich gehen die Schmerzen in seinem Bein wieder los, im rechten Oberschenkel, Höllenqualen, Speerspitze im Muskel. Schmerzen, die ohne Vorwarnung beginnen und nach fünf Sekunden wieder weg sind. Die Verzweiflung über den Schmerz und die Freude darüber, dass er aufgehört hat, finden praktisch im selben Moment statt. Dieser Gedanke kommt ihm jedes Mal. Und wenn der Gedanke da ist, weiß er, dass die Schmerzen weg sind.

»Die Computer, die nichts von sich selbst wissen, die können ihre Intelligenz effizienter potenzieren. Das Bewusstsein stört nur.«

»Das Bewusstsein ist also eine Art lästige Neben-
wirkung?«

»Genau.«

»Aber was die natürlich vergessen, ist doch, dass
ohne Bewusstsein überhaupt nichts *da* ist, oder?«

»Ja. Dass die Welt dann nicht da ist.«

»Die vergessen ihre eigene menschliche Perspek-
tive.«

»Und darüber wird sich jetzt eben gestritten.«

Er klopft sich vorsichtig auf den Oberschenkel, der
Schmerz ist weg. Er hat nach diesem Symptom im Internet gesucht und festgestellt, dass es anderen Leuten auch so geht, die können sich die Ursache genauso
wenig erklären. Fehlschaltung im Gehirn, dachte er
bis jetzt, aber langsam kriegt er Angst. Muss nichts
heißen, er kriegt immer Angst, sobald er in die deutsche Provinz fliegt.

Am Gepäckband bleibt er auf Instagram bei einer Bil-
derstrecke mit kostümierten Tieren hängen, das passiert ihm in letzter Zeit öfters. Ernstes Gesicht. Er ist
Anfang vierzig, hat was von einem Schauspieler, den
man als Segler in einer Werbung für Starkbier besetzen würde. Gleichzeitig sieht er immer ein bisschen
nach Weißem Haus aus. Schon seit er neunzehn ist.
Egal, ob er gerade über einen Atomkrieg nachdenkt
oder ein Foto anglotzt, in dem eine Python als Einhorn
verkleidet wird. Mit einundzwanzig hat er zum ersten
Mal vor einem Renaissancegemälde geheult.

Er hasst Hildesheim. Abgesehen vom Dom und der
ägyptischen Sammlung ist Hildesheim hässlich. So

hässlich, dass er sich nach seinem letzten Aufenthalt auf der Fahrt zum Bahnhof noch was Schönes zeigen lassen musste vom Taxifahrer. »Zeigen Sie mir bitte irgendwas Schönes, *irgendwas.*« Das hat der Taxifahrer dann auch gemacht und ist mit ihm an einem Fachwerkhaus vorbeigefahren, das war wirklich schön.

Die Schmerzen treten in kürzer werdenden Abständen auf. An der Rezeption des Hotels. An der Kreuzung. Auf dem Parkplatz eines Discounters, auf dem er ein zerfetztes, schlecht mariniertes KZ-Hähnchen aus dem Kühlregal in sich reinstopft, er hat vergessen zu essen und wäre fast zusammengebrochen. Fängt an zu schwitzen, was auf einen bevorstehenden Herzinfarkt hindeutet, na ja. Vor dem Dom läuft die anstrengende Frau auf und ab. Er erkennt sie, obwohl er sie noch nie gesehen hat. Er vergisst immer, ob sie Birgit oder Brigitte heißt. Er vergisst auch immer, was genau ihre Funktion ist. Nennen wir sie mal Gesellschafterin. Oder Expertin für Kunst des 19. Jahrhunderts.

Sie sieht aus wie ein appetitlicher kleiner Knödel, Kurzhaarfrisur, blond, und hat jetzt diese dreischiffige Basilika im Rücken, eine Kathedrale, von der sich das römisch-katholische Bistum vor zwölf Jahren getrennt hat, und seitdem geht da niemand mehr in die Kirche, das ist keine Kirche mehr und wird auch die nächsten hundert Jahre keine Kirche mehr sein, so lange läuft der Erbpachtvertrag noch. Das ist jetzt ein Kunstmuseum. Und manchmal finden da Auktionen statt.

Sie sagt, sie hätten noch ein bisschen Zeit, die anderen wären noch nicht so weit, er hat keine Ahnung, womit die anderen »noch nicht so weit« sein könnten, er fragt auch nicht, wer diese anderen sind. Sie könne ihm die Ausstellung zeigen und danach den Tausendjährigen Rosenstock, er sagt, er kenne den Rosenstock, aber dass er sich den gerne noch mal angucke, und dann betreten sie gemeinsam den Dom.

Er fragt: »Die Kirche hat also andere Glaubensgemeinschaften als Nachnutzer ausgeschlossen für das Ding? Und deshalb haben Sie die gekriegt?«

Sie antwortet: »Ja.«

»Und eignet die sich überhaupt? So als Ausstellungsraum?«

Und sie sagt, ne, Quatsch, würde er ja gleich sehen. Es habe im Erdgeschoss früher keine Wände und keine Zwischendecke gegeben. »Warum auch. Der Bau einer Kirche orientiert sich an Gott. Aber jetzt gibt es eine neue Ebene. Ein weiteres Stockwerk, sozusagen. Und jetzt stimmen die Proportionen.«

»Nachdem sie tausendvierhundert Jahre lang nicht so richtig gestimmt haben?«

»Ich bitte Sie. Nicht mit so einem Scheiß anfangen.«

Er lacht. Er bietet ihr das Du an.

Im ersten Stock ist eine Ausstellung. Jemand hat sich zum Ziel gesetzt, anhand von hundert Werken die gesamte Welt zu erklären. Er ist fassungslos. Das hat was von einem Waldorfprojekt. Als hätte man die Schüler einer elften Klasse aufgefordert, am nächsten Tag mal was Schönes von zu Hause mitzubringen. Die Texttafeln hängen schief. Schriftzeichen sind abgefallen und nicht ersetzt worden.

Er verlässt kurz darauf das Gebäude, sie läuft ihm hinterher und seufzt, als sie auf ihr Telefon guckt. Sie blickt erst auf, als sie nebeneinander vor dem Rosenstock stehen.

Der Rosenstock bedeckt die Rückseite des Doms, riesengroß. Er hat den Zweiten Weltkrieg überlebt. Kein Mensch kann sich erklären, wie. Der Rosenstock ist damals abgebrannt. Er lag unter Trümmern. Trotzdem hat er acht Wochen nach der Zerstörung des Gebäudes neue Triebe entwickelt. Die Frau sieht auf die Uhr, atmet zu tief ein, versucht zu verbergen, dass sie gestresst ist. Schlechte Schauspielerin. So alt wie er, anderes Leben. Trägt aber, obwohl das im Widerspruch zum Rest ihres Outfits steht, diese offenen Fellsandalen von Hermès für neunhundert Dollar.

Sie gucken sich schweigend diesen Rosenstock an, und dann sitzt da, nachmittags um drei, ein Uhu mit offenen Augen auf einem Ast. Er denkt, der wäre ausgestopft.

Nach zwanzig Sekunden sagt der Knödel aber zu ihm: »Nee, der blinzelt. Ich glaube, der ist echt.«

Eltern mit Kindern gehen an dem Uhu vorbei. Die sehen ihn, bleiben aber nicht stehen. Er schüttelt den Kopf und macht Fotos. Zwei Rentner in Windjacken gehen an dem Uhu vorbei. Sie gucken kurz, bleiben aber auch nicht stehen, die sagen nicht mal was zueinander. Man trifft einen Uhu nicht einfach mal so in der freien Natur an, das kommt praktisch nicht vor. Er hat als Teenager mal einen jungen Uhu gesehen, in Kalifornien. Der war in Pflege bei einem achtzigjährigen Wildhüter, weil er verletzt war, und hat sich mit seinen gewaltigen Krallen immer auf dessen Kopf gesetzt, auf diese von Flaum bedeckte, viel zu dünne Kopfhaut, ganz vorsichtig.

»Wir müssen wieder hoch«, sagt der Knödel, und sein Oberschenkel macht Stress.

Während er ihr hinterherläuft, durch den Kreuzgang an einer kleinen Kapelle mit einer Glas-Skulptur vorbei, spürt er, dass ein dünner Faden Blut aus seinem rechten Nasenloch läuft. Er zählt im Kopf die Diagnosen auf, nach denen er sich umbringen würde. Er ist einer von denen, die das könnten, er weiß das. Er denkt an den Franzosen, der immer mit diesem speziellen Grün gemalt hat. Dafür war der berühmt, und dann hat er sich irgendwann mit genau diesem Grün vergiftet, also umgebracht, daran denkt er. Er bezweifelt aber gerade, dass der wirklich Franzose war. Wer war das denn noch mal? Dann denkt er an eine Videoarbeit aus den frühen Neunzigern, in der sich eine Künstlerin nach ihrer Krebsdiagnose permanent selbst geröntgt hat. Er denkt noch an viel mehr, ein Scheißbild nach dem anderen. Dagegen kann er nichts tun. Kunst ist für ihn nichts mehr, das ihn aufregt oder zum Heulen bringt, sie ist eine Art Nachschlagewerk, in dem er permanent blättert, obwohl er überhaupt nicht darin blättern will. Bisschen auch Orakel, langweilig gewordenes Orakel. Ermüdet ihn. Ist aber sein einziger Zugang zur Wirklichkeit.

Brigitte stellt ihm drei Männer vor. Sie stehen in der Nähe der Sakramentskapelle an einem runden Tisch mit Thermoskannen. Sie verharren, das spürt er beim Betreten des Raumes, seit Tagen in einer Fassungslosigkeit. Einer von ihnen trägt ein T-Shirt, auf dem Frauennamen stehen. Kleingedruckt, Schwarz auf Weiß.

»Was ist das?«, fragt er, statt sich vorzustellen, zeigt auf das T-Shirt, und der Mann in dem T-Shirt sagt: »Die Vornamen der bedeutendsten Künstlerinnen des 20. Jahrhunderts.«

»Hätte gereicht.«

»Was?«

»Der Satz. Als Aufdruck.«

»Bitte?«

»Der Satz, den Sie gerade gesagt haben. Hätte gereicht. Als Aufdruck. Für das T-Shirt, mein Gott.«

Eine Stunde später steht er mit in den Nacken gelegtem Kopf vor irgendeinem barocken Gitter, er hält sich ein Taschentuch unter die Nase.

Ihm tun inzwischen noch andere Teile seines Körpers weh. Das Sprunggelenk, also eher dieser Knochen oberhalb der Ferse. Fühlt sich an, als wäre dahinter ein schimmelnder Hohlraum, in den man mit einem Messer reinstechen müsste, um den Eiter abfließen zu lassen, er weiß nicht, ob man diese Empfindung als Taubheit oder dumpfen Schmerz bezeichnet. Er ist inzwischen fassungsloser als die drei Männer zusammen. Er fragt: »Und wo steht dieser, ähm, *Drucker?*«

Und einer der Männer sagt: »Amsterdam.«

Es ist der Mann mit den schlecht überschminkten Aknenarben.

Er wartet, bis seine Nase aufhört zu bluten, dann geht er zum dritten Mal auf den Monet zu. Das Bild riecht, als wäre es zweihundert Jahre alt. Es sieht auch aus, als wäre es zweihundert Jahre alt, die Farbe ist zweihundert Jahre alt. Dieses Bild stammt zweifellos von Monet. Das Bild wurde geröntgt. Mit allen möglichen Sachen verglichen, der Computer sagt, dass es zweihundert Jahre alt ist. Der Computer sagt, es ist von Monet.

»Das ist identisch«, sagt er. »Das kann nicht sein, so weit sind die noch nicht?«

Zwei der Männer zucken mit den Schultern. Der mit der Akne winkt ab, weil er sich nicht imstande sieht, jemandem wie ihm die Komplexität des Vorgangs zu erklären.

»Seit wann kann eine Maschine *Patina?* Seit wann kann eine Maschine Aura?«, fragt er weiter. »Was soll das?«

Immer noch Schweigen.

»Geht das nur mit Monet? Oder geht das mit allen?«

»Was ist das denn für eine Frage. Mit allen natürlich«, sagt der Knödel. Und dann fragt der Knödel: »Was machen wir?«

Und er sagt: »Wie? Was machen wir?«

»Ja, mein Gott, was machen wir? Du weißt, was das bedeutet. Ein Scheißdrucker in Amsterdam kann ab jetzt jeden beliebigen Monet, jeden fucking Rembrandt so reproduzieren, dass er vom Original faktisch nicht mehr zu unterscheiden ist. Jetzt guck dir dieses Bild hier bitte zum vierten Mal an und stell dir vor, dass davon bald zehntausend Replikate unterwegs sind in der Welt, was bedeutet das? Das bedeutet, dass es Kunst als singuläres Ereignis nicht mehr geben wird, auf jeden Fall nicht mehr so geben wird, wie wir es kennen. Das Kunstwerk im Zeitalter seiner vollkommenen technischen Reproduzierbarkeit.«

»Die Aura im Zeitalter ihrer Reproduzierbarkeit.«

»Richtig. Und deshalb frage ich: Was machen wir?«

Aktien kaufen? Also Aktien der Firma, die den Drucker entwickelt hat. Was weiß er denn. Selbstmord?

Der dritte Mann sagt: »Auf jeden Fall wird der Provenienzforschung eine völlig neue Bedeutung zukommen.«

»Was machen wir?«

Er sagt: »Aufstehen, nach Hause gehen, Jura studieren.«

Alle lachen.

Er verlässt den Dom, er trabt die zwanzig Meter bis zur Straße, steht mit einem Bein auf der Fahrbahn, ruft sie an, obwohl es in New York halb sechs ist.

Verschlafen fragt Phoebe, was los sei.

Er sagt, sie solle ihm sofort erzählen, was sie gerade geträumt habe, und sie antwortet: »Dass ich mit meiner Mutter und meinem Bruder zusammen war und meine Handtasche gesucht habe.«

»Und wo war die?«

»Lag im Badezimmer. Und dann mache ich die auf und sehe, dass da drei Vögel drin nisten.«

»Was für Vögel? So Sittiche?«

»Nein, auf keinen Fall Sittiche. Eher Nutzvögel. Gibt es Nutzvögel? Grün, gelb, bisschen blau. Oder Meisen. Ich weiß nicht.«

»Und was haben die gemacht?«

»Sind ein bisschen bei mir im Zimmer rumgeflogen.«

»Und wo kamt ihr her?«

»Mein Bruder, meine Mutter und ich? Wir waren schwimmen. Glaube ich. Ja, wir kamen da irgendwie aus dem Schwimmbad.«

Er schüttelt den Kopf. Seine Schmerzen sind weg. Er fliegt nach Hause. Er packt das Bild aus, noch bevor er den Mantel abgelegt hat. Wenn er genau hinsieht, erkennt er, dass der Künstler Bezug auf eine Zeichnung von Picasso genommen hat. Er hat die Zeichnung von Picasso mit zwanzig in einer Ausstellung in Potsdam gesehen und muss heulen.

Dann blickt er nach draußen. Er will ein Fenster öffnen, aber das geht ja nicht. Auf der Straße sieht er die Menschen in verschiedene Richtungen rennen. Sie fliehen vor schwarzen Punkten. Da sind sechs oder sieben schwarze Punkte, die hier nicht hingehören. Es sind Wildschweine. Er weiß, dass das Wildschweine sind.

المخلص #4EVA

Sie ist geschäftlich in Ägypten. Sie sieht vom Balkon ihres Hotelzimmers auf den Nil. Dreck, Palmen, eine Wiese, auf der abgemagerte Kühe stehen. Am Wasser erkennt sie die Frauen aus dem Nachbarzimmer, amerikanische Zwillinge mit Vokuhilas. Die vollziehen da irgendein Ritual mit Singen und Tanzen. Sie hat die schon oft beobachtet. Jeden Morgen bringen sie Opfer dar, unter Anleitung einer nubischen Volkspriesterin.

Ihr Chef fragt beim Frühstück: »Was opfern die denn?«

»Hoffentlich keine Säuglinge«, sagt sie.

Sie fahren mit dem Taxi zu einer Besprechung. Die Besprechung findet in einem transparenten Konferenzraum statt. Sie ist die einzige Frau. Sonst nur Hedgefonds-Manager unter fünfzig, die identische weiße Hemden tragen. Die Gesichtsausdrücke der Männer haben nichts mit fokussierter Arbeit zu tun. Das ist nur noch müde Resignation. Dazu dann diese Hemden. Wie Leichentücher. Das sind blasse, nackte Tiere in Leichentüchern, denkt sie. Wandelnde Aknenarben. Klingt nach einem schlechten Vergleich. Ist aber kein schlechter Vergleich. In der Pause belegt sie sich ein Fladenbrot mit einem veganen Schnitzel und denkt beim Kauen noch mal genauer über diesen Vergleich nach, sie sieht da langsam wirklich nicht mehr den Chef der Bank, für die sie arbeitet, sie sieht nur noch eine große, vor sich hin schwadronierende Aknenarbe.

Auf dem Rückweg ins Hotel fahren sie und ihr Chef an einer Schlachterei vorbei, in der kopfüber Lämmer ausbluten. Daneben ist ein Taschenladen. Da hängen Rucksäcke, auf denen Shaun das Schaf abgedruckt ist. Die hängen da genau wie die Lämmer. Die hängen da, als würden sie auf ihre Hinrichtung warten.

Ihr Chef sagt, dass er glaube, die meisten Krankheiten hier würden über das Bargeld übertragen. Die Scheine seien irgendwie zu dünn und zu hässlich und zu lange im Umlauf, jeder Geldschein, den er hier in der Hand gehabt habe, habe sich unter seiner Berührung beinahe aufgelöst. Das Geld hier fühle sich so schrecklich ölig an, sagt er, bisschen auch nach einer auseinanderfallenden Wachsjacke.

»Jetzt ist aber mal gut«, sagt Indigo.

Es dämmert. Sie hören digital verstärkte Gebetsgesänge. Die kommen aus allen Richtungen. Ihr Chef sagt, er habe die heute Nacht schon gehört und sei davon wach geworden, er fragt sie, ob sie glaube, dass die Leute hier danach einfach wieder einschliefen. Weiß sie nicht.

»Vielleicht ist das wie bei uns mit der Müllabfuhr«, sagt er.

»Eine wirklich empfindsame Annäherung an eine fremde Kultur«, erwidert sie.

Nachts muss Indigo weinen. Sie kann nicht aufhören zu weinen. Zur Beruhigung zählt sie bis hundertneun und legt sich so hin, dass keins ihrer Körperteile ein anderes berührt. Sie steht auf und geht zum Fenster. Auf dem Balkon landet die brennende Kippe von jemandem, der im Stockwerk über ihr wohnt und genauso wach ist wie sie. Es ist halb fünf. Sie ruft Hallo. Die Person ruft auch Hallo. Es ist eine Frau. Indigo guckt hoch, und die Frau guckt runter, Indigo guckt ihr von unten in die Augen. Die Augen sind keine Sterne, sondern Sternenhimmel, wirklich. Zwei Sternenhimmel, die sich in irgendeinem dreckigen venezianischen Kanal spiegeln. Aus dem Zimmer der Frau tönt dezenter Deutschrap. Sie müssen lachen. Sie kennen sich.

»Woher?«, fragt die Frau. Indigo denkt nach. Sie weiß es nicht. Die Frau heißt Ketti. Ketti schließt die Augen.

Indigo fällt ein, woher sie sich kennen, sie hatten vor sechs oder sieben oder acht Jahren mal zufällig Sex miteinander, schlechten Sex in einem Hotelzimmer mit einem reichen Russen.

»Was machst du hier?«, fragt Ketti.

»Business«, sagt sie. »Was machst du hier?«

Und Ketti sagt, sie müsse herausfinden, ob sie sich scheiden lassen solle oder nicht. Und dass ihr die Entscheidung im Totentempel der Pharaonin Hatschepsut wahrscheinlich leichter fallen werde als in irgendeiner deutschen Bar. Die wichtigsten Entscheidungen ihres Lebens habe sie in Ägypten getroffen, in Grabkammern mit Sternen an der Decke. Deshalb sei sie hier. Sie könne nicht schlafen, weil sie zu dieser Zeit nie schlafen könne. Zwischen vier und sechs sei sie immer wach, sagt sie. Immer. Sie lese dann oder gucke Tiervideos oder googele die Geschichte des Kopftuches.

Am nächsten Morgen fahren sie zusammen zu einem Tempel. Es ist der Tempel für die Gottheit des Chaos. Die haben hier extra einen Gott für das Chaos. Und dieser Gott wird auf den Tempelmauern als Krokodil dargestellt, das, wenn man genau hinsieht, einen Mikrofonständer in den Händen hat. Vor dem Tempel stehen Wachen. Sie haben Maschinenpistolen und passen auf, dass niemand stolpert oder ins Wasser fällt. Indigo und Ketti sehen sechzehn mumifizierte Krokodile in einer Glasvitrine. Der Nil sei aus dem Schweiß von einem dieser Krokodile entstanden, sagt Ketti. Dann liest sie sich ein paar Inschriften von Napoleons Soldaten durch. Indigo erklärt ihr die Hieroglyphen. Dass da der Pharao oder der Hohepriester oder wer auch immer kleine, ordentlich sortierte Opfergaben an den Falkengott überreiche.

»Die sehen wirklich gut gelaunt aus«, sagt Ketti.

»Ja, aber nur fürs Foto«, sagt Indigo.

Sie sehen Fledermäuse, die von der Decke hängen. Bisschen wie verkohlte Frösche.

Sie gehen zu Fuß zurück zum Hotel. Es sind nur Männer auf der Straße. Die Frauen sind alle eingesperrt. Sie setzen sich in eine Bar und bestellen Cola.

Der Kellner kippt die Cola auf Indigos Tasche aus und entschuldigt sich nicht. Er stellt seine Wasserpfeife so hin, dass ihnen beim Wechseln der Kohle immer Glut ins Gesicht fliegt. Als wären das Feuerbälle in einem Videospiel. Sie müssen ausweichen. Ein Junge kommt vorbei und bettelt. Der Kellner schlägt ihm dreimal ins Gesicht.

Sie laufen weiter. Kleine Mädchen winken ihnen aus dem Fenster zu. Sie werden von ihrer Mutter weggezerrt.

Sie sehen eine Ziege, deren Arsch zwischen einem Motorroller und einem kaputten Kühlschrank festklemmt. Die Ziege kann sich nicht befreien. Sie scheint fernzusehen, durch die offene Tür einer Lehmhütte glotzt sie auf einen Bildschirm, auf dem gerade jemand von einer Pilgerfahrt zu einem Schlagersender umschaltet. Und sie sehen einen Laden, in dem es nur Wassermelonen gibt. Tausend Wassermelonen.

Als sie die Lobby des Hotels betreten, fällt der Strom aus. Wenn sie nicht abhaut, bevor das Licht wieder angeht, denkt Indigo, dann verliebt sie sich. Sie haut nicht ab. Es wird hell, und sie ist verliebt. Ein paar Stunden später liegt sie nackt auf dem Rücken, schiebt ihre Hand unter Kettis Steißbein und hört ihr zu, wie sie flüstert, dass sie sich mit dreizehn geschworen habe, nie wieder verletzt zu werden, und dass ihr Mann dreißig Jahre älter sei als sie und dass sie sich mit acht mal mit einem Mädchen geprügelt habe und dass sie wisse, dass sie dieses Mädchen umgebracht hätte, um zu gewinnen. Indigo kriegt ein bisschen Schiss. Dann sagt

Ketti, sie wolle keine emotionale Verantwortung, und Indigo rollt mit den Augen. Sie stöhnt, Ketti stöhnt auch, dann sagt Indigo, das fühle sich alles an, als ob einem Blumen aus der Haut wüchsen. Und Ketti sagt, dass sich das eher wie Knallerbsen anfühle, lauter kleine Explosionen auf der Haut.

»Tut aber nicht weh«, sagt sie.

»Aber irgendwas tut weh«, sagt Indigo.

»Kopfschmerzen?«

»Nein. Eher wie tätowiert werden.«

Sie bleiben zwei Tage in Indigos Zimmer. Sie ernähren sich von pulverisierter Kaffeesahne und einer halben Tüte Chips. Zwischendurch fressen sie ein bisschen Tavor, das Indigo gegen Flugangst nimmt. Das könnte noch vier Jahre so weitergehen. Am dritten Tag verlassen sie das Zimmer und knutschen im Hotelflur und holen sich Pommes. Dann ziehen sie sich wieder aus. Indigo macht Kate Bush auf ihrem Computer an. Das Lied heißt *Running up that hill*. Ketti sitzt auf dem Balkon. Indigo setzt sich zu ihr. Kettis Blick ist eine Mischung aus Skepsis und Erwartung, Indigo fragt, ob sie wisse, worum es gehe in dem Lied, vielleicht fragt sie auch nur, ob Ketti mal auf die Lyrics geachtet habe, sie stellt Ketti in diese indifferente Erwartungshaltung hinein jedenfalls die Frage, ob sie mit dem Text des Songs vertraut sei, sie sagt Nein, Indigo sagt, in dem Lied gehe es um Männer und Frauen und darum, dass Kate Bush, hätte sie einen Wunsch frei, Gott darum bitten würde, einen Tag lang ein Mann sein zu können. Das sei aber nicht politisch motiviert, null. Da gehe es nicht um Kritik an weiblicher Benachteiligung oder um Gerechtigkeit zwischen den Geschlechtern, nur um das pure Bedürfnis zu wissen, wie sich ein Männerkörper anfühlt, wie ein Männerkörper eine Straße entlang- oder einen Hügel hinaufrennt.

Hätte sie einen Wunsch frei, sagt Ketti, also nach Weltfrieden und Gesundheit und den ganzen anderen ermüdenden Basics, wäre es, einmal als Mann mit einer Frau zu schlafen.

Hatte Indigo nie, diesen Wunsch.

Es gehe da irgendwie darum, aufgenommen zu werden, sagt Ketti. Ein Sumpf, der etwas verschlingt, sei etwas anderes als ein aus der Landschaft emporragender Turm, der in den Himmel will und das nicht schafft.

»Du bist die Erde«, sagt sie, »und der Typ ist irgendein in eine Häuserlücke abgeladenes Bauwerk, das sofort einstürzt, sobald du anfängst, dich zu bewegen.«

Stimmt leider wirklich, denkt Indigo.

»Männer sind okay, wenn man sie reinlässt. Die sind wirklich okay dann. Das ist eine Vervollständigung. Die wollen in etwas Lebendiges rein, das sie aufnimmt. Die wollen uneingeschränkte Zustimmung, vielleicht geht es darum.

Die Klarheit, mit der Ketti das sagt, Kippe in der Hand, die über der Lehne vom Korbstuhl baumelt, bisschen zu nah an der Öllampe, Haare offen, in dieser Klarheit offenbart sich Indigo plötzlich der Missing Link in ihrer Analyse des Geschlechterverhältnisses. Sie setzt sich auf Kettis Schoß, wie eine Mischung aus Schleichkatze und Äffchen, und sagt allen Ernstes, dass wäre das Schlauste, was sie je zu diesem Thema gehört hätte. Im Grunde ist es das auch. Das hängt aber nicht mit dem Inhalt der Aussage zusammen, sondern mit Kettis Körperhaltung. Und damit, dass sie immer ein bisschen zu leise spricht, wenn sie konzentriert ist. Trotzdem durchdringt einen alles, was sie sagt, als hätte ein Diktator irgendwas Blumiges in ein Megafon geschrien. Besser kriegt Indigo das, was sie an Kettis Geist so überwältigt, nicht zusammengefasst. Dass ihr Flüstern als Schreien ankommt.

In diesem Modus, oder sagen wir besser, im Vollbesitz ihrer geistigen Strahlkraft, erklärt Ketti Indigo also, dass Männer echt nur in dem Moment okay seien, in dem eine Frau sie reinlasse. Dann vögelt sie Indigo auf dem Balkon. Sie schreien Ägypten zusammen. Sie schreien eine Diktatur zusammen. Sie schreien vor Wonne ein ganzes Land zusammen, zumindest die Straße vor dem Hotel, auf der sie keine kurzen Hosen tragen dürfen.

Sobald Indigo die Augen schließt, sieht sie, wie diese Straße von ihren Schreien niedergedrückt wird, komplett, zu einer eindimensionalen Fläche, in der die eingestampften Bäume und Autos und Hydranten wie diese Küchenplatten aus gefaktem Marmor aussehen. Ihr Ex und sie hatten auch so eine. Die mussten sie jeden zweiten Tag mit Olivenöl einreiben. Dann ist die Straße plötzlich ein Fluss aus Öl. Eher Wellen aus Öl. Ein postapokalyptischer Dancefloor, wirklich. Das hat vermutlich was mit Hormonen zu tun. Und mit Indigos schwer zu kontrollierender Vorstellungskraft, sie erkennt in Holzmaserungen auch gerne mal ganze

Weltkriegsgefechte. Ketti vögelt Indigo, Indigo lässt sich vögeln, es ist komplett egal, wie viel Prozent dieses Zerfließens gespielt oder echt sind, weil die Schönheit in der Übereinstimmung liegt, dass das, was da gerade passiert, passieren soll. Dass sie das, was da gerade passiert, aus politischen Gründen wollen. Und auch noch aus anderen Gründen. Und jede Zelle, wirklich jede Muskelfaser in Indigos Körper wird von Dankbarkeit für die Erkenntnis durchdrungen, dass die größte Stärke nichts mit Panzerung zu tun hat, sondern mit der Fähigkeit, jemanden reinzulassen. Sie gehen ins Bett und vögeln weiter und finden raus, wie man kommen kann, ohne angefasst zu werden oder sich selbst anzufassen. Universum lassen wir mal kurz weg. Spielt aber eine Rolle, weil Indigo zu vermuten begonnen hat, dass in jeder Frau ein gesamtes Universum vergraben liegt und in jedem Mann der alles bestimmende Wunsch, restlos und bedingungslos von diesem Universum aufgenommen und verschlungen zu werden.

Dann sehen sie einen Kurzfilm, in dem ein Baby als besoffene Mallorcatouristin verkleidet ist und über eine Ballermannlandschaft aus Pappmaschee wankt. Das Baby trinkt Alkohol, fällt ab und zu um und spielt am Ende noch ein bisschen Keyboard, von einer Band aus Marionetten begleitet. Ketti sagt, Indigo solle einfach so tun, als gäbe es Vorhänge, und noch ein bisschen pennen.

Im Halbschlaf stellt eine von ihnen der anderen die Frage, wie viele sie seien. Das heißt, sie fragen sich gegenseitig, wie viele sie seien, wie viele verschiedene Subjekte sich in ihnen vereinigen, über so einen Schwachsinn denkt man nach, wenn man verknallt ist und Zeit hat.

»Dreiundsechzig?«

»Nein.«

»Wie viele?«

»Eher sieben. Ja, ich glaube, sieben.«

»Sieben? Das ist zu konkret.«

Indigo fragt sie, warum das zu konkret sei.

Ketti sagt, man könne sich da wirklich sieben echte Menschen vorstellen, keine diffuse Masse in gesichtslose Strichmännchenform gegossener Persönlichkeitszüge, sondern sieben Menschen, ihr sei das einfach zu konkret, sie wisse nicht, warum.

»Es sind eher zwei Teile«, sagt Indigo dann. »Zwei, die jeweils zwei gegensätzliche Seiten haben, oder sagen wir besser: Wirkungen. Da sind wir jetzt aber fast wieder bei einem Frauenmagazin oder einem Kalenderspruch, peinlich.«

Beide Teile, von denen Indigo da spricht, beinhalten sowohl zerstörerische als auch lebenserhaltende Kräfte. Indigo ist das zu langweilig, um es laut auszusprechen, aber Ketti fragt: »Wie sehen die Teile aus?«

Das eine sieht aus wie das Klecksbild eines Rorschachtests. »Kennst du Rorschachtests?«

»Ja«, sagt Ketti.

»Ein schwebender Tintenklecks. Allerdings dreidimensional. Und so groß wie ein Basketballspieler. Fast zwei Meter.«

Rorschachtests. Bilder, die Psychologen Menschen zeigen, um sie von ihnen interpretieren zu lassen. So schwarze Flecken. Manche sehen laut Google darin einen Schmetterling, andere zwei Cowboys vor der Einfahrt einer Notaufnahme. Oder einen Hasen mit Christbaumkugeln. Malawikrieger, die einen Stammestanz aufführen. Indigo sieht in dem Tintenklecks, den sie hier gerade als wichtigen Bestandteil ihrer Persönlichkeit offenbart, eher das Röntgenbild eines menschlichen Beckens. »Es bewegt sich leicht«, murmelt sie.

»Das ist ein Gegenstand der Entgrenzung, würde ich sagen. Versetzt einen in permanente Angst, er könnte zerfließen und das Zimmer überschwemmen. Und die Farbe ist mörderisch, abwechselnd schwarz und violett. Sieht aber auch ganz gemütlich aus. Man muss nur aufpassen, dass man nicht ertrinkt. Kann leicht passieren.«

Sie holt Luft.

»Was ist daneben? Was ist der andere Teil?«,

»Warte. Der andere ist das Gegenteil von diesem Tintenklecks. Der übrigens auch eine Metastase sein könnte. Der andere Teil ist das Gegenteil von Krebs. Irgendwas Olympisches. Vielleicht ein Speer, ja, ich glaube, Speer.«

»Feuer?«

»Nee, Fackeln. Also, ja. Feuer. Ein stabiler Speer, der mit der Spitze nach oben im Boden steckt, um ihn herum ein präzise angeordneter Kreis aus Flammen. Das schwarze Gewaber daneben hat was von dem Muster, das man sieht, wenn man Heroin unter dem Mikroskop betrachtet.«

»Warum weißt du, wie das aussieht?«

»Weil ich das mal in einer Doku gesehen habe. Und

dieser Speer ist echt das Gegenteil davon. Irgendwas zwischen Bundesjugendspielen und disziplinierter Jonglage mit Feuerkeulen im Zirkus, man kann verbrennen, wenn man den Kreis verlässt oder vor Erschöpfung hinausstolpert. Und dann rettet man sich kopfüber in dieses schwarze Schmelzen nebenan, um in letzter Sekunde gelöscht zu werden, klappt auch, aber es ist anstrengend, sich zurück an die Oberfläche zu kämpfen.«

»Wie alt bist du bei dem Speer?«

Indigo denkt lange nach. »Fünf. Fünf oder sechsunddreißig. Nein. Fünf. Meine Eltern leben noch.«

»Was hast du an?«

»Gestreiftes T-Shirt. Latzhose. Pferdeschwanz. Ordentlich. In dem Gewaber bin ich dreizehn. Stretchoberteil in Schwarz von H & M.« Durch das Oberteil ist ein bisschen Blut gesickert, weil sie sich in dem Alter immer die Haut am Rücken mit Messern aufgeschnitten hat und nicht wusste, wie die Waschmaschine funktionierte. Aber das erzählt sie nicht. »Ich sitze da vor einem Computer. Dunkles Zimmer, die einzige Lichtquelle ist der Bildschirm. Vielleicht so. Alles kurz vor Weihnachten. Soll ich Kaffee holen?«

Ketti sagt Ja. Indigo steht auf. Sie vermeidet Augenkontakt, sie kriegt es nicht hin, Ketti in die Augen zu sehen, rauscht da mit geschwächtem Kreislauf aus der Tür wie ein in den Arsch gebissenes Fohlen, das kaum laufen kann, aber von einer Mischung aus transzendentaler Kraft und Überlebensinstinkt dazu gebracht wird, es trotzdem zu tun.

Sie müsste, mit von ihren Empfindungen niederge-
walztem Kreislauf, ohnmächtig in die Knie sinken. Tut
sie aber nicht, sie geht nicht in die Knie, sondern lässt
sich da in Watte gehüllt und auf Zehenspitzen von
einer Spannung hinausleiten, die sie nicht selbst erzeugt hat, die von außen kommt oder von oben und
netterweise eine gewisse aufrechte Haltung auf dem
Weg zur Tür gewährleistet. Thank God.

Sie kommt zurück und fragt: »Wie viele bist du?«
    »Entweder drei oder viele.«
    »Wie viele?«
    »Weiß ich nicht.«
    »Eher zwanzig oder tausend?«
    »Nee. Dreiunddreißig.«
    Interessant, denkt sie. Die hat offenbar irgendein
Ding mit der Drei. »Menschen?«
    »Ja.«
    »Männer, Frauen, Kinder?«
    »Will ich jetzt nicht beschreiben. Kann ich jetzt
nicht beschreiben.«
    »Okay.«
    »Es ist eine alte Frau dabei.«
    »Die, der du immer im Traum begegnest??«
    »Bisschen ähnlich. Die hat aber lange weiße Haare.
Und die hier ist grau und hat einen Pony. Ich glaube,
ich kenne die. Ich habe die als Kind im Urlaub gesehen. Normalerweise muss ich Leute kennenlernen
oder entdecken oder so, um was mit ihnen anfangen
zu können, aber in dem Fall nicht, ich habe die gesehen und war verliebt.«

Sie heulen nicht, und sie verabreden sich nicht. Im Taxi hält Indigo das für ein gutes Zeichen. Am Flughafen nicht mehr. Sie unterhält sich in der Businessclass mit ihrem Chef darüber, dass Schulden Wachstum erzeugen und Wachstum Schulden erzeugt, darüber, dass der wichtigste Akteur im Kapitalismus der Schuldner ist, darüber, dass die Staaten nicht mehr die Banken regulieren, sondern von privaten Kapitalgebern reguliert werden, darüber, dass die Schulden der Motor der Ökonomie sind. Und dann denkt sie an ihre Hand an Kettis Arsch und dass sie immer schöner wird, je länger man sie küsst. Und an so ein diffuses Verschwimmen der Umrisse, Beine auseinander, bisschen Seestern, bisschen Weltmeer.

Zu Hause fragt sie sich, wie sie ihr Verhältnis zu einem Menschen mit dem Verhältnis vergleichen kann zwischen einer Bank und jemandem, der bei dieser Bank einen Kredit aufnimmt. Sie schuldet Ketti etwas. Sie schuldet ihr ein Versprechen. Aber wenn sie dieses Versprechen vollständig zurückzahlt, ist es weg. Das Geld, das verliehen wird, das gibt es gar nicht. Da liegt kein Gold im Keller oder so. Das Geld ist nur ein Symbol, das ist etwas, das eine wandelnde Aknenarbe in gestärktem Hemd in einen Computer tippt.

Der Gegenstand, der verliehen wird, existiert nicht. Weil keine feste, mit Gold aufzuwiegende Geldmenge existiert. Geld ist Fiktion. Geld ist nur ein Symbol. Und dann denkt Indigo: Was ist das denn für ein Scheiß. Sie kündigt ihren Job und schreibt Ketti. Sie schreibt ihr, dass sie sie liebt. Und dass sie sich wie eine Babykrake fühlt. Wie der kleinste Oktopus der Welt. Und dass Ketti den mal googeln soll, es ist, als würde man sich selbst in seinem eigenen erkältungsbedingten Auswurf erkennen. Der sieht aus wie ein durchsichtiges Schleimbröckchen. Hat aber ein supersüßes Gesicht.

*

Als Ketti Babykraken googelt, kommen fast nur Bilder von gebratenen. Sie schickt Indigo ein Foto von sich in ihrem Bett. Und dann schläft sie ein.

Morgens zieht sich der Himmel zusammen. Sieht nach Gewitter aus, es ist viertel nach acht, die Sonne geht auf. Als Ketti eine halbe Stunde später wieder aus dem Fenster sieht, ist der Himmel fast schwarz. Es ist Nacht. Es ist tatsächlich wieder Nacht. Einer ihrer Hunde springt in das Vollbad, das ihr Mann sich eingelassen hat. Der andere wirkt, als würde er sich gleich eine Küchenschürze um den Körper wickeln, als hätte er vor, sich aufrecht an den Herd zu stellen und ihr zum Frühstück ein Omelett mit Trüffeln zu servieren. Sie sieht zum dritten Mal aus dem Fenster, und der Himmel ist schwarz. Da ist ein Adler. Der Adler ist fast so groß wie ein Mensch. Er sitzt auf dem Basketballkorb, der über dem Garagentor hängt. Dann sieht sie Scheinwerfer am Himmel. An Hubschraubern befestigte Scheinwerfer. Die fliegen durch die Luft. Könnten auch Satelliten sein, die mit übergroßen Reflektoren als Notfallmaßnahme irgendein Licht zurück auf die Erde werfen, sie fragt ihren Mann, was das soll. Er sieht sie nicht an. Zieht hektisch die Vorhänge zu. Das hat alles etwas mit der letzten Stunde der Menschheit zu tun. Ketti spürt das. Der Himmel ist trotzdem schön. Keine monochrome Fläche. Eher ein Schwarz, das sich aus ineinander verschlungenen Nebelschwaden zusammensetzt, Grautöne, die explodieren, obwohl sich Explosion und Nebel gegenseitig ausschließen müssten. Und langsam begreift sie, dass sie sich keine Sorgen machen muss. Da geht gerade eine Welt unter. Aber es ist echt nicht ihre Welt, die untergeht. Es ist die Welt von ihrem Mann, die Welt von ihrem zu weißen, zu alten, zu heterosexuellen, nein, alles Bullshit, die Welt, die da untergeht, das ist wirklich nur die Welt eines Menschen, der ein bisschen zu viel Macht und Geld hat.

ZITATNACHWEISE

S. 34: Bob Dylan: A Hard Rain's a-Gonna Fall; aus dem Album: The Freewheelin' Bob Dylan; Columbia 1963.

S. 34: Bob Dylan: Don't Think Twice, It's All Right; aus dem Album: The Freewheelin' Bob Dylan; Columbia 1963.

S. 129: Helge Schneider: Wenn ich dich nicht halten kann; aus dem Album: New York I'm Coming; Roof Records (Rough Trade) 1990.

S. 130: Morrissey: You have killed me; aus dem Album: Ringleader of the Tormentors; Attack 2006.

S. 182 f.: In Anlehnung an Stefan Zweig: Drei Meister: Balzac. Dickens. Dostojewski. Fischer Taschenbuch, Frankfurt 1999.

NACHWEIS DER VERÖFFENTLICHUNGEN

You have killed me and there is no point saying this again, but I forgive you, I forgive you: Erstmals veröffentlicht in der jährlich erscheinenden Literaturausgabe des SZ-Magazin, Heft 34, August 2019.

Sex und Macht: Erstmals veröffentlicht in: Lina Muzur (Hrsg.): *Sagte sie. 17 Erzählungen über Sex und Macht.* Hanser Berlin, Berlin 2018.

La Grenouillère, 1869: Diese Erzählung ist erstmals im ada-Magazin erschienen, Ausgabe 2/2019.

1. Auflage 2022

Weitere Titel von Helene Hegemann bei Kiepenheuer & Witsch

Helene Hegemann trifft Patti Smith zum ersten Mal in einer Mehrzweckhalle in Wien, die als Probebühne für Christoph Schlingensiefs »Area 7« dient. Eine Begegnung, die der damals Dreizehnjährigen im weitesten Sinne das Leben rettet.

KiWi MUSIKBIBLIOTHEK

WWW.KIWI-VERLAG.DE/MUSIKBIBLIOTHEK